货币的终结

利息、现金和国家货币面临的冲击

[德] 亚历山大·哈格吕肯 —— 著

黄昆　苏静 —— 译

北京联合出版公司
Beijing United Publishing Co.,Ltd.

图书在版编目（CIP）数据

　　货币的终结：利息、现金和国家货币面临的冲击 /
(德) 亚历山大·哈格吕肯著；黄昆，苏静译. -- 北京：
北京联合出版公司, 2022.4
　　ISBN 978-7-5596-5993-4

　　Ⅰ. ①货… Ⅱ. ①亚… ②黄… ③苏… Ⅲ. ①电子支
付—研究 Ⅳ. ①F713.361.3

　　中国版本图书馆CIP数据核字(2022)第043230号

Das Ende des Geldes, wie wir es kennen by Alexander Hagelüken
Copyright © Verlag C.H.Beck oHG, München 2020
Published by arrangement with Flieder-Verlag GmbH
All RIGHTS RESERVED

货币的终结：利息、现金和国家货币面临的冲击

作　　者：[德]亚历山大·哈格吕肯
译　　者：黄昆 苏静
出 品 人：赵红仕
责任编辑：管　文
封面设计：王梦珂

....

北京联合出版公司出版
（北京市西城区德外大街83号楼9层　100088）
北京联合天畅文化传播公司发行
北京美图印务有限公司印刷　新华书店经销
字数170千字　880毫米×1230毫米　1/32　8.125印张
2022年4月第1版　2022年4月第1次印刷
ISBN 978-7-5596-5993-4
定价：59.00元

目录

前　言

新时代的降临

只要张黎明走进天津那家她常去的超市，就会有 3D 摄像头扫描她的面部。她所购买的商品购物款，会自动从她的账户中扣除，不需要她掏出哪怕一分钱现金。这位住在中国千万级人口大都市的退休者说"这样很方便"，不过数据保护专家却警告说，一旦她的面部数据被保存，那么她就有遭遇恶性营销和大规模监控的危险。

历史上，通过《天津条约》，西方国家在 1858 年用武力强行打开了与中国贸易的大门，贸易的商品中也包括鸦片。而如今，中国的科技巨头阿里巴巴和腾讯通过面部识别技术，开辟了新的支付通道，这将永远改变人们的购物方式。人们因此会在多大程度上被控制，目前还存在争议。当上亿的中国人放弃使用现金，像玛丽特·汉森

（Marit Hansen）这样的数据保护专家则发出了风险警告。汉森预计，对于亚马逊和阿里巴巴这样的数字科技巨头而言，刷脸支付会成为重头戏——我们正走在通向拥有全世界所有人所有面部识别数据的数据库之路上。刷脸支付取代现金支付，毫无疑问就是我们所认知的货币的终结。对我们隐私的扫描，所展现的并非我们人类现在经历的单一的划时代变革。比如，全球范围内拥有30亿社交媒体用户的脸书（Facebook）正在推出其数字货币天秤币（Libra）①。脸书的老板马克·扎克伯格（Mark Zuckerberg）向全世界许诺，天秤币会提供更好的银行金融服务；批评者们则认为，此举是对欧元或日元等国家货币的攻击。

对此，英国中央银行副行长乔恩·坎利夫（Jon Cunliffe）宣称："天秤币等新的支付手段将迫使我们重新思考我们社会中货币的角色，这样的情况每隔100～150年就会出现。我们现在不过恰巧再次处于这样的分水岭上而已。货币实际上不过是一种社会协议，这种社会协议在历史发展的进程中一再地发生变化。"

这样的社会协议一直使人着迷——也让人排斥。对于有些人而言，它意味着对更美好时光的希冀，对消费、舒适和安全的向往；而另外一些人则将其斥责为贪婪的象征、发起战争的手段，或者像卡尔·马克思（Karl Marx）那样将其视作世界市场的代理人。货币的实质就在这两种截然对立的论述中来回变动。

在人类的历史发展中，货币被证明是润滑剂。经济的进步与货币

---

① 天秤币（Libra）是由美国互联网巨头脸书于2019年6月18日发布的一款虚拟数字加密货币。2020年12月1日，脸书官网宣称将Libra更名为Diem。——译者注

有不可分割的联系，直到20世纪首次大规模的繁荣出现时都是如此。大部分人都在追逐这种繁荣，且认为货币的存在是不可或缺的。而与此同时，建立在货币基础上的市场经济的影响直到今天都在遭人诟病，这些影响往往被认为与金融危机、利润最大化或贫富差距有关。绝对清楚的是，货币的地位达到了异乎寻常的状态，甚至产生了带有宗教意味的比喻。"金钱是无所不在的，是万能的和穿越时空的。"法国历史学家热拉尔·文森特（Gerard Vincent）评论称，"因此有些人在其中看到了神的形象。"金钱是一切的象征——文森特的同胞拿破仑做了如此言简意赅的总结。

但是这些钱在最近到底发生了什么？在现在这个分水岭上所发生的，和每一个百年所发生的变化是一样的吗？"我已经有数周没有碰过硬币和钞票了。金钱的本质属性正在发生改变。"美国麻省理工学院数字货币计划负责人尼哈·纳鲁拉（Neha Narula）做出了她的诊断。

到底发生了什么？为什么全世界各地的储户银行账户上的利息都在消失？是不是很快就只有像脸书的天秤币一样的数字支付货币存在了？欧元正在输掉竞争未来的决定性较量吗？这本书试图搞清楚，在货币领域到底发生了什么。在我们所熟知的货币的终结背后，隐藏着怎样的全球趋势和呼风唤雨的强大企业巨头。

新的数字巨头比如阿里巴巴、亚马逊和谷歌公司，正在攻击到目前为止数十亿人觉得无法放弃的现金。比特币、天秤币等新的数字货币正在攻击数百年来统治我们日常生活的国家货币。上亿的储户正在感受这种攻击，因为储蓄产品不再能赚取利息。是的，在顾客为了未来储蓄时，甚至有些银行还要求储户支付费用，即所谓的保管费用，这颠覆了很多国家民众集体的观念。

我们通常所熟知的货币的终结，是不是也打开了机遇的大门？储户能够找到比传统的利率产品更富吸引力的投资标的吗？更少的现金支付会让生活更便捷吗？当前的货币体系出现崩溃危险的间隔愈加缩短，比如2008年的金融危机和2010—2015年的欧元危机，数字货币能克服当前货币体系的弱点吗？

新冠肺炎疫情让人难以预料，这场如同中世纪瘟疫一样的疫情所带来的百年未遇的冲击，正激化所有这些问题。2020年的新冠肺炎疫情将全球民众抛入生死存亡的境地，人们带着恐惧独处，担心其他人的生命，宅在家中，作为还在职场工作的父母不堪重负。冲击很快使得经济瘫痪。"当20%～50%的GDP（国内生产总值）被用来对抗一场强烈的冲击时，发展中国家在12年之内又一次没有其他的选择。"《费加罗报》的尼古拉·巴维莱兹（Nicolas Baverez）惊呼道。在新冠肺炎疫情所导致的债务大山之下，欧元和美元能撑得住吗？从比特币到天秤币一类的数字货币时代正在降临吗？因为病毒能通过现金传播，人们将要告别它了吗？储蓄利率会继续处于负数并且还会驱动更多愤怒的储户成为民粹主义者吗？

本书将探明当前这场货币变革所蕴含的机遇与风险。历史教育我们，伴随着变革而来的既有机遇也有风险。从5000年前苏美尔人的舍克勒银币（Silber-Schekel der Sumerer）到今天危险的次级不动产信贷中的风险分摊，在历史中一再出现的变迁中，货币一直在充当进步的发动机。但是货币也会像舍克勒银币一样成为统治的工具，或者像次级信贷一样成为引发2008年金融危机的投机工具。面对不平等和贪婪时，它是盲目的。荷兰人早在1637年的郁金香投机狂潮中就已经领教了这一点，那时，他们就将郁金香骂作"花园中的娼妓"。

从历史中得出的启示是，人们需要让这种货币转变为己所用。没有法律的约束，金钱作为工具就会滋养过度的投机；没有民主体制的约束，金钱就不会滋养出更多的财富，以至于大众在贫困中苟延残喘，而贵族或金融大亨却在挥霍中醉生梦死。在历史中一直重要的是，社会协议中的民众是否能够信任当前形势下的货币，从古代一直被王侯们乐于操控黄金含量的金币，到如今我们银行储蓄中一列列虚拟的数字，莫不如此。在今天这种时代性变迁中，民众需要一份指南，来为他们穿越新货币的世界导航。刷脸支付或手机支付是有问题的还是仅仅是便捷的？民众应该为现金而抗争吗？那些靠着数据赚钱的数字巨头，真就无法相信吗？或者那些拥有数十亿用户的平台，就是要比数年来岌岌可危的欧元货币更安全可靠？本书试图理解，今天的新货币和之前的旧货币真正的价值是什么。同时，本书试图厘清目前复杂的货币发展态势，以便于大家理解。

01

货币简史：
血仇、郁金香狂热和进步

古日耳曼人的生活是野蛮的。如果侮辱或伤害了他人，就会遭到报复，而这种报复往往会让人丧命。古时的日耳曼人与牲畜挤在一个屋檐下，饥饿是常有的事。古罗马历史学家塔西佗（Tacitus）将其描绘为"沉溺于饮酒与赌博"的民族，是"陷在泥潭之中的胆小鬼和惧战者"。不过他也叙述了日尔曼人用来保命的情况：假如有人犯下过错导致不幸，可以用某种回报来抵命。

　　货币的德文单词Geld或者称gelt，意即牺牲。"赔偿金就是向遭受致命打击的被杀者所在家族提供的赔偿。通过这种方式避免了血债血偿的局面，因此赔偿金就具有了巨大的安抚与文明化的功用。"德国哲学家奥特弗利德·赫费（Otfried Höffe）记录道，"因为在身体受到伤害或侮辱的情况下，虽然往往也要赔偿，但是相比残酷的'以眼还眼，以牙还牙'报复原则，通过付钱来赔偿就是一个巨大的进步。"这样拯救生命的做法在许多文明中都能被发现。

通过支付赎罪金来代替死亡——这种赎罪金使得货币被视为文明进步的早期证据。在历史中还能够找到许多证据来证明货币是如何行使进步创造者的职能的，无论是社会的进步还是经济的进步，均由货币推动。

自从人类200万年前在这个星球上出现后的很长时间内，他们是过着没有货币的日子的。人活得短暂，过着贫瘠而时时受威胁的生活。资本主义反对者们将小群体的共同经济或者以物易物的交换经济理想化了，事实恰恰是，交换极其艰难。当1万年前的狩猎者和采集者定居下来的时候，交换还要更加艰难。假如当农民想用小米换鱼，但是牧人需要的是鞋子并且想晚一点宰杀他饲养的牛，这时该怎么办呢？

这时，分工就会比靠自己的双手来生产所有的生活必需品更加高效。人们的专业化分工越多，就会生产得越多，因此也就会有更多的东西拿来交换。一个人得拿多少条鱼来换米或者鞋子？当他由于冬天来了现在就需要鞋子，但是牛要到下个月才肥得适合宰杀，他该怎么办呢？

只有通过货币，才能将一切重新计算、直接支付，而时间问题同样因为钱而得到了解决。用钱，每个人都能买来鱼、米、鞋子，以及更多其他的东西——这是一个历史里程碑。

"货币是大部分进步的根源。"英国历史学家尼尔·弗格森（Niall Ferguson）在其经典作品《货币崛起》（*The Ascent of Money: A Financial History of the World*）中强调道。一种好的货币满足三项功能：计算单位、交换和支付工具，以及价值储藏工具。以色列历史学家尤瓦尔·赫拉利（Yuval Noah Harari）认为，历史上那些首先通过分工来正确经营管理的古代大帝国，只有通过货币才能建立起来。

贵金属时代

从根本上来说，任何一种物品都可以充当用来支付的货币。拥有高度发达文明的古埃及人和中国人，曾经使用稻米、麦子或者苦杏仁作为支付工具。其他的文明中，还有人使用牛、绵羊、山羊来支付。古希腊的荷马在2800年前就曾记载，雅典人狄俄墨得斯（Diomedes）的铠甲价值9头牛；而最后一位特洛伊国王的儿子格劳库斯（Glaukos）的铠甲，价值却高达上百头牛。

但是不管是牛还是苦杏仁，要么会死掉，要么会烂掉，这就好像钱自己消解了一样。人们需要找到能够保存下来的货币。那时密克罗尼西亚群岛石轮的出现是一个进步，仅仅是一项初步突破性的进步。相比石轮，数百年来在环印度洋地区充当货币的货贝要看起来更友好一些。不过后来真正赢得货币竞赛大奖的是吕底亚人（Lyder），他们早在2700年前就在今天的土耳其地区将金子浇铸成块状金币，并在上面印上图案。这批可能是最早的金币迅速流传开来。金币铸造业给吕底亚人带来了传奇般的财富，将他们的国王变成了大富翁——而米达斯王（Midas）据说热衷于将他所掌握的一切都变成金子。

金币流传开来，因为它们不仅便于储存且造型别致，而且也造就了信用。这种信用，既通过看起来如同神一样、拥有太阳般光辉的稀有金属自身的价值，也通过当时统治者的头像所产生的威严来生成。这是一个里程碑式的时刻：稀有金属在长达 2000 年的时间里成为货币的主导形式。这也是一段诸多世界巨富崛起又化作尘埃的时期。

金币将人们从物物交换中解放出来，它们惊人地推动着经济的发展。亚当·斯密（Adam Smith）1776 年在《国富论》中称赞道："出于种种不可抗拒的理由，人们似乎都终于决定使用金属而不使用其他货物作为交换的媒介。"市场中不可见的手首先借助货币来发挥作用，接着从单个人利己的行为中创造出了普遍的物质繁荣。

这位市场经济学之父所不知道的是，货币最初是由其他的用途发展而来的，即在蛮荒的时代从人的牺牲与征服中而来的。德语中的货币（Geld）这个词并非来自黄金（Gold），而是来自盎格鲁-撒克逊语中的 gilt 或 guilt，即要做出牺牲的债务（Opfer-Schuld）。德国哲学家克里斯托弗·图尔克（Christoph Türcke）认为，最初的货币就是用来宰杀的牺牲品。"而且因为它们是令人恐怖的货币，所以它们就根据人们的愿望不再那么令人恐怖。比如说，可以用牛来代替人的牺牲吗？可以用金属制品来代替活生生的人或动物吗？这种牺牲就可以被解释为对债务的清偿，即作为清偿的支付。"用来牺牲的动物就成了债务和其他事物的计算单位。这就解释了为什么罗马人用来表示钱的单词是pecunia，它是从意为牲畜的词pecus演化而来的。

同样，吕底亚人的金币也源于战争中作为给士兵（Soldaten）的军饷的sold这个词，货币一再被作为军事工具而使用。11世纪开始的十字军东征加速了金融系统的发展，因为战争得有钱才能打得起。14世纪火器代替了骑士的冷兵器之时，各国的王侯们就启用了铸币机，以扩充其武器库（他们像曾经的吕底亚人那样建立了税收制度）。

我们可以因此说，货币的出现引发了战争吗？几乎不能。血腥的斗争即使在没有货币的那200万年岁月中也不计其数。

货币同样也起源于奴隶的依附之中。统治者在古代就像神一样，其神庙中是需要人们供奉供品的。苏美尔人在5000年前不仅发展出了一天24小时制，而且也发明出了舍克勒银币，一个银币相当于一袋大麦。对此，美国人类学家大卫·格雷伯（David Graeber）描绘称："神庙管理人据此来计算租金和债务，而这事实上就是货币。"有些农民由于深陷债务，其子女就变成了奴隶。这位无政府主义的畅销书作家据此推断说，货币总是能反映出社会中的压迫。

不过，我们不必都这么看。1215年签署的英国《大宪章》允许英国农民向地主缴纳货币来代替实物地租，这让他们更加独立，因为在此之前他们是不允许贩卖牲畜的。货币对他们意味着更多的自由。同样，通过支付新娘赎金，可以代替属于封建领主的

"初夜权"（Ius primae noctis），即封建领主所谓的在新娘的新婚之夜将其强奸的权利。在19世纪，工厂主认为他们的工人是依附于他们的，因为工厂主用其提供的过于昂贵的餐食和住宿来支付工人的劳动；而由工会提出并实施的薪金制度，则意味着更多的自由。

货币不过是工具而已，它不会自己打破种种压迫的关系。但是当世界通过英国《大宪章》或工会进行民主化时，货币将会加快这种发展。同时，它也会在将人们从贫困的锁链中解放出来这件事上助他们一臂之力。在这方面，首先是通过金币取代物物交换，然后是通过信贷、纸币和股票之类的发展来实现的。

"要将那些依靠自己的双手去生产生活必需品的农民从穷困中解脱出来，进入今天的富裕状态，是无法脱离金融创新的。"研究金融史的尼尔·弗格森如此总结。而平民大众日子过得越好，他们就会从那些王侯贵族和工业大王那里要求更多的权利。

意大利的信贷

金融系统在12世纪的时候通过意大利北部的商人和货币交易商走向了繁荣。他们在户外的桌子上经营着他们的生意，坐在意大利语中被称作banchieri的长条凳子上。"银行"（bank）这个词即来源于此，今天仍然这么叫。这些商人开发出了私人化的信用票据，这要比随身携带着装满钱币而且容易招来匪徒和海盗的银箱要更有效率。这种信用票据很快大规模传播开来，并使得贸易繁荣起来，开启了贵金属钱币的衰落之路，这种衰落持续了数百年之久，直到1971年美国终止金本位制。

信贷要比钱币灵活多了。相比太阳神一样的金币，一张信用票据更多的是依靠人的信用而存在。每一种货币实际上都关乎信用——不管是金币还是意大利北部的信用票据或是现在的欧元，人们都能够用其买到食物、衣服和住所。

因此，意大利北部户外长凳商的钱币生意之后数百年，历史的特征就是，信用得到或深或浅的探索。这引发了金融创新的爆发，知名的案例就是在意大利佛罗伦萨的美第奇家族出现的现代银行的发端。美第奇家族一开始很可能是黑帮团伙。1343—1360年之间就有5位家族成员由于资本犯罪而被判死刑。在乔万尼·迪·美第奇（Giovanni di Medici）的带领下，该家族发现了合法的金融资本。美第奇家族让信贷得以繁荣，并通过多元化投资来确保信贷的安全，而在此之前的前辈都因此而崩溃，因为他们最后都受到各自庞大的债务人拖累。美第奇家族据此富甲一方，并资助了艺术和建筑，中世纪之后，人们将这些艺术和建筑视为某种重生，即文艺复兴。

现代货币的发展进程中不断地经历着投机的破产。在17世纪的荷兰，源自中亚的郁金香摇身一变成为富人和美人的时尚新宠，那些向来冷静理智的人因为郁金香而失控发狂。在当时，一颗郁金香球茎短时间内的价值一度蹿升到1万荷兰盾，相当于阿姆斯特丹市区黄金地段一处房产的价值。

当时普通老百姓一周工作6天，每天辛勤工作14个小时，还几乎无法负担拥挤不堪的房子的房租。但在郁金香狂热中，他们却相信挣钱是容易的，那时甚至已经有了郁金香金融衍生品。1637年，这场"花园中的娼妓"的投机狂潮崩溃了，而这个蔑称，正是那些对投机狂潮持怀疑态度的人所起的。投资者血本无归，那些通过自杀来自吞苦果的人，在公墓里悲惨地安息了。郁金香投机狂潮被视为现代一系列金融危机的原型。

这些投机破产的原因，与其说是金融创新的问题，倒不如说是人的贪婪问题。

当然，和金融创新一样，金币也有自身的弱点。例如，法国的腓力四世等统治者败坏了金币的信用，他们用廉价的铜来代替黄金这样的贵金属。在哈布斯堡王朝，这些掺杂有其他金属的假币被称作辛德林格（Schinderlinge）。因为这些假币，腓特烈三世（Friedrich Ⅲ）在15世纪引发了德意志土地上的第一场超级通货膨胀。

瑞典人和英国人发明了中央银行

上述丑闻推动了信贷货币的崛起，虽然信贷货币本身的信用问题更加复杂。金币被熔化掉用来支付衣食住等需要，底层人民为了抵抗像腓力四世一样的伪币铸造者，就把黄金藏起来。而远离金币的金融创新，本身要首先赢得使用者的信任。无论是银行、证券交易所（欧洲第一家证券交易所出现在1409年的比利时布鲁日）或者纸币（中国从1023年开始出现），都需要信任。因此，过去数百年的历史可以被解读为试图将信任注入并强化到金融创新中去的历史。

相比金币，纸币看上去毫无价值可言。为了使其在社会中流通，必须为其建立信用。在这个过程中，有一项发明发挥了助推作用——能够以国家的名义发行纸币的现代中央银行。中央银行至今都还让民众中的捍卫者和反对者意见泾渭分明。1656年问世的瑞典中央银行、1694年诞生的英国中央银行，以及其他一些先驱性的中央银行的出现，稳定了金融系统，并使得纸币的影响扩散开来。纸币刺激信贷和贸易，并因此促成了现代经济诞生。对此，亚当·斯密热情洋溢地赞颂道："纸币取代金银所发挥的作用，就像一辆能够在空中飞翔的战车。"

以这种方式所赢得的信任越多，信用货币所创造的进步就越多，这个世界的变化也就越大。很快，政治权力就会从经济权力中诞生出来。尼尔·弗格森分析称："荷兰共和国之所以能够超过西班牙哈布斯堡王朝，就是因为第一家现代证券交易所要比南美洲当时世界上最大的银矿盈利更多。"远离钱币的金融创新，显然比压榨印第安人冶炼贵金属铸造钱币要更划算。西班牙的国王误将黄金等同于繁荣，忽视了经济发展，因此在跌跌撞撞中走向了国家破产。

　　同样的悲剧也发生在了依靠传统融资方式，即掠夺实物和钱币来支持战争的"战争之神"拿破仑身上。与拿破仑不同，他的劲敌英国则通过新型的信贷债券，也即远离钱币的金融创新发行债务，来支持战争，而在这样的金融创新方面，罗斯柴尔德家族是当时执牛耳者。"同样，威灵顿公爵（Lord Wellington）能够于1815年在滑铁卢击败拿破仑，也要多亏了银行家内森·罗斯柴尔德（Nathan Rothschild）。企业的金融支持是大英帝国的立国之基。"尼尔·弗格森如此分析说。正是靠着这样的金融创新，英国人崛起成为工业化的冠军，1740—1840年，其国内生产总值翻了两番，英国借此成为19世纪的全球超级强国。

货币是个坏主人

　　像大英帝国崛起这样的故事，从未能够清除货币本身所包含的不安和活力。古巴比伦人早在4000年前就知道了利息的存在，很可能他们将货币的增值视为和牲畜的增殖一样的事情。但是亚里士多德在大约2000年前就已经斥责说："货币是为了交换的目的而被发明出来的，但是通过利息来增值是违反其本质的。"基督教、犹太教等世界性的宗教都或多或少地严厉禁止利息的出现。卡尔·马克思将货币确认为是世界市场的代理人；西尔维奥·格塞尔（Silvio Gesell）——1919年曾担任巴伐利亚苏维埃共和国的财政部部长，曾企图取消利息。直到今天，这个想法还在刺激着德国绿党的政治家。第二次世界大战之前，这件事也刺激着阿道夫·希特勒（Adolf Hitler），1920年，其计划中曾要"打破利息奴役"。

"显然，像货币这样的新现象要能在经受各种攻击之下站住脚，它需要具备为人类和社会服务的重要品质才可以。"欧洲中央银行首任首席经济学家奥托马·伊辛（Otmar Issing）总结道。14世纪那些资助威尼斯充满风险的航海贸易的信贷发放者们，如果发现自己的资助不能获取利息，会如何行动？货币恰恰不过是一种工具而已，它能有效地实现好的或坏的目标。伊辛的论断是："魔鬼并非存在于货币之中，而是藏在人自身之中。"

假如取消货币，就能一下子消除世间所有的罪恶吗？"这么说就像是人们能够将火灾的责任推卸到火身上一样。那是不是应该说，普罗米修斯就不应该盗取火种带到人间呢？他将火带到人间，也就将如何运用这项创新的责任交到了人类的手中。"货币是一种有效的工具，但是在滥用这种工具——就好比滥用枪炮武器，它也是一样的有效。

它的有效性也通过这样的事实得到证明：除了以货币为基础的市场经济，至今尚无人发展出另外一套有效的（经济）体系，更不用说与之对应的货币了。货币市场总的来说，带来的是进步。

德国著名历史学家海因里希·奥古斯特·温克勒（Heinrich August Winkler）在他的《西方通史》（*Geschichte des Westens*）中曾如此论断道："工业化时代曾是一个普遍贫穷的时代，也是一个肆无忌惮地剥削人的劳动力的时代：其情景之骇人听闻，就如同弗里德里希·恩格斯（Friedrich Engels）1845年在《英国工人阶级状况》（*Die Lage der arbeitenden Klasse in England*）中所描述的那样。但是假若没有工业化劳动所带来的可能性，这种贫穷还可能会加剧不平等。"工业化本身并没有导致贫困化的继续深化，而是像马克思所预言的那样，"导致了无产阶级的崛起"。

市场经济在历史上首次为亿万民众带来了富裕繁荣，很多人因此拥有了良好的医疗保障，人的寿命也延长了一倍。诺贝尔经济学奖获得者安格斯·迪顿（Angus Deaton）在他的《逃离不平等：健康、财富及不平等的起源》（*The Great Escape: Health, Wealth, and the Origins of Inequality*）中曾描绘了西方人是如何逃脱贫困的炼狱，通往大众富裕的王国的。借助市场经济的威力，中国等新兴国家也续写了同样的造富故事。

缺乏一套有效的货币体系，在今天已非幸运国家的标志，而是象征着贫穷。类似的情况在历史上也是如此。在中世纪的时候，当钱币从日常生活中消失之时，人们又倒退回了物物交换的境地。对此，比利时历史学家亨利·皮朗（Henri Pirenne）在其《中世纪欧洲经济社会史》（*Sozial-und Wirtschaftsgeschichte Europas im Mittelalter*）一书中写道："在8世纪末的时候，西欧倒退到了纯农业经济的境地。"人们只好用公牛作为计价单位，有时也用女仆或者松鼠皮毛；在听起来名头响亮的"神圣罗马帝国"里，人们栖身在茅舍之中，每天喝酒以防感染病毒。

从耶稣到马克思，钱财批评家们在有一点上显然是正确的：

钱作为工具，在使用上是盲目的。它会创造财富，但是却不会分配财富。在独裁社会中出现的"朱门酒肉臭，路有冻死骨"，正是货币这种盲目性的写照。西方殖民者掠夺南美洲、非洲和亚洲的财富，奴役其人民，同样也反映了货币的盲目性。货币就像是人类手中的工具，它被滥用时就像一种武器。英国哲学家弗朗西斯·培根（Francis Bacon）认为，货币是一个好的仆人，"但却是一个坏的主人"。

如今，工业化所带来的繁荣富裕惠及大众，因为左翼的政党和工会人士通过针对国王和工业大亨的斗争赢得了这一切。温克勒认为，在所有工业社会中，工人不断增长的实际收入"主要归功于工会为之做出的决定性贡献"。

这就是从历史中所汲取的教训：货币得由人来把控。作为工具，货币不仅仅要为少数人所利用，而且应该尽可能多地惠及大众。与新自由主义所宣扬的有所不同，今天的市场和货币秩序不应该再像19世纪那样运行了。它必须被予以社会性的修正，它需要民主、严格的法律及强有力的利益代表。这样，大众才能够分享到整个社会的繁荣富裕——而非仅仅由部分资本所有者独占。

金融危机从美国爆发

20世纪末，一种新型的自由放任资本主义风靡全球，它通常被称作新自由主义。此前崛起的超级大国美国青出于蓝而胜于蓝，将昔日的大不列颠帝国拉下世界霸主的宝座。就像罗斯柴尔德家族的债券助力英国人称霸世界一样，保险、不动产和消费信贷等金融创新则为美国的崛起提供了助力，美元因此而成为全球性的主导货币。

自 1980 年开始，美国总统罗纳德·里根（Ronald Reagan）及其追随者按照新自由主义的理念，放松了对金融市场的种种管制。他们废除了 20 世纪 30 年代世界经济危机之后由美国政府确定并颁布的一系列管制法律，压制了工会，并为富人降了税。自此之后，在美国，管理阶层的收入增加了 900%，而普通人的实际收入则只增长了 12%。收入的不平等已经和 100 年前即富裕惠及大众之前一样极端了，新自由主义者们为人的贪婪统治世界经济开了绿灯。

诸如雷曼兄弟等投资银行早早就嗅到了财富的味道而介入进来。雷曼兄弟的老板理查德·福尔德（Richard Fuld）向他的员工承诺，他们都将大发其财。他在那些煽动性的演讲中向员工吼叫道："快来一起发财吧，你们这些蠢货！"投资银行家鲁道夫·沃策尔（Rudolf Wötzel）——我在几年前曾经见过他——说在那些演讲现场的感觉，如同身处某个极权性的政党中。他担心福尔德可以随时炒掉他，他笑着谈道。不过，还是有很多银行家和他一样，出于贪婪而一起兴奋地参与了这场资本造富的狂欢。

那时沃策尔每月最多收入 8 万欧元。晚上，他安坐在酒吧里，任由他的保时捷钥匙滑过他的手指，以此引诱酒吧中的女性。他谋划了很多交易。他怂恿一位德国集团公司的女老板，以数亿欧元的价格吞并该集团的一家竞争对手——该公司老板在外度假，毫无防备。2001年9月10日，她提出了要约购买。一天之后，恐怖分子驾机撞击了纽约世贸大楼，股市随之崩溃，竞争对手的公司变得更加便宜。这场敌意收购成功了。

今天，沃策尔有些语带嘲讽地看待这场交易。彼时，有经济杂志将这场交易评为"年度收购案"。这种具有高度风险性的投机交易是非常普遍的。经过10年的疯狂投机，2008年，沃策尔的东家雷曼兄弟破产清算日的丧钟终于敲响。雷曼兄弟倒下之后，紧随其后的就是席卷全球经济的一场冰雪风暴，经济出现了自"二战"结束以来从未有过的大崩溃。次级证券可以成为一项有价值的金融创新，它们将卖给贫穷的购房者的不动产贷款的风险分散给众多的投资者，这样，这些风险就不会仅仅落在一家银行头上——如果不分散风险，这家银行可能根本就不能向这些购买者发放贷款。而在金融危机之前，这些次级证券却被滥用到了那些鲁莽的投机中。

这些证券展现了双重的面孔，就像1637年荷兰郁金香投机狂潮中那些郁金香衍生物那样，一枝郁金香居然价值一幢住宅——作为贪婪的工具，它们摧毁了经济体系。货币从而被证实是个坏主人，它被用作武器了。

在2008年的金融危机中，一种假如善加利用就会成为社会进步发动机的因素遭到了损害，这种因素就是信任，金币和纸币曾借以通行的法宝。但是在2008年秋天，人们已经不再信任货币了。银行不再像以前那样每秒借钱数百万次。老百姓清空了他们的账户。当年法国的腓力四世把廉价的黄铜掺杂进金币之中时，老百姓采取的对策是私藏黄金。同样的故事，在2008年重演。

这种不确定性让世界经济陷入了瘫痪。数百万人失去了工作，仅仅在美国，就有900万失业者。这场崩溃在欧洲最终酿成了一场欧元危机，伴随金融危机而来的还有右翼民粹主义者的崛起。美国的唐纳德·特朗普（Donald Trump）和英国的鲍里斯·约翰逊（Boris Johnson）都攫取到了权力——他们同时声称废除与西方国家的伙伴关系，退出气候保护协定，退出自由贸易或者推动脱欧进程。经济学家莫里茨·舒拉里克（Moritz Schularick）认为，从历史上来观察，右翼民粹主义者所获得的选民票数，大部分是在金融危机之后加倍的。

右翼民粹主义者致力于寻找某个强人，能够解释谁是所谓的应该为造成危机负责的人。至于为什么移民应该为银行家的金融危机承担责任，则至今都是他们的秘密。

一旦各国政府允许那些玩金融把戏的人毁掉投入货币的信任，他们就将现代国家推到了濒临深渊的绝境。14世纪法国的腓力四世操纵金币玩掺假的把戏时，地球上居住着不过4亿人口。而今天，这一数字达到了近80亿，并且各国之间在经济上的联系比以往任何时候都紧密。为应对金融危机，国家必须承担高额负债，而中央银行必须投入巨量的资金。10年之后，为了在经济上应对新冠肺炎疫情危机，通过更多负债的办法变得更加艰难了，因为各国现在都在承受高负债的压力，而中央银行的资产负债表在金融危机中早就已经膨胀起来了。

2008年的金融危机使人们对货币产生怀疑，它让投资者逃到了更具安全性的利率产品中，而各国中央银行却又降低了利率，这两者都会降低普通储户的收益。这场危机还加剧了不平等，因为投资家们数年以来攫取了过多的好处，但是危机的后果却要由全社会来买单。这场金融危机也给比特币等数字加密货币提供了发展的契机，因为人们对国家货币的信任出现了动摇。以脸书设计推出的数字货币天秤币为代表，它们正在攻击美元和欧元。

因为所有这些新的发展创新，货币本身发生了剧变，其变化之大，已非我们所能理解了。在这个过程中，那个巨大的信任问题又重新出现在我们眼前——像美元和欧元这样没有利息的货币，能赢得老百姓的信任吗？人们能够信任无现金支付吗，尤其是由苹果、阿里巴巴或者亚马逊集团这样大的数字巨头所推动运营的无现金支付？对比特币或脸书的天秤币这样的私营货币，能给予信赖吗？这些金融创新是会给人类带来进步，还是像哈布斯堡王朝的腓特烈三世时期的假币辛德林格一样，不过是新的障眼法式的骗局？对利率、现金和国家货币的攻击，究竟将通向何方？我们每一个人作为消费者、储户和选民，又该何去何从？伴随着现金的消失和新的数字货币的出现，我们正在经历一场史无前例的历史剧变——这样的历史时刻，不亚于国家发行的在今天被我们视为钱财的纸币诞生之时。在这样的时刻，至关重要的是以全社会的福祉为目的来塑造这场剧变，这样，就不会出现仅仅是少数巨富和巨头受益的局面。我们正处在这样关键的转折时刻。

02

硬币和纸币趋于消失

当6岁的瑞典孩子拉斯（Lars）想要付款时，他不会说结账（瑞典语betala）。而是说swisha［意为用Swish（一款手机在线支付软件）扫描一下］。使用手机上的App（应用程序）Swish进行移动支付非常简便，70万瑞典人都是如此做的，四成人已经不再使用现金支付方式。无论是在餐厅还是商店，在停车场或是公共洗手间，生活在北欧国家的人们基本上不再使用现金进行支付了。成千上万的瑞典人已经将芯片装入手机，以便使用数字货币来付款，硬币和纸币正在消失。正如我们所知，这是货币的终结。

日常用语显示着生活是如何发生变化的。瑞典人用swisha代替了原本的支付一词，就像人们之前用德宝（Tempo）①来代替餐巾纸一词，或者是今天用google来代替对"上网搜索"这个行为的表达，品牌名称代替了原来用于表达行为的词汇。最晚到2030年，

①德宝（Tempo）是德国的一个纸巾品牌。——译者注

瑞典的现金将会完全消失。

硬币和纸币正在消失，这是全世界的趋势。在美国普林斯顿大学任教的金融学者马库斯·布伦纳迈耶（Markus Brunnermeier）给我展示了一位中国朋友发给他的照片。照片上，一位乞丐蹲在地上，他的胸前挂着支付码，路人通过手机支付来施舍。另外，生活在天津的退休阿姨张黎明这样的中国人，也不会对刷脸支付存有顾虑。和瑞典人一样，中国人的无现金支付率已达80%，大多数人会使用阿里巴巴公司的支付宝或者腾讯公司的微信支付来付款。世界上人口最多的国家，将会成为最少使用现金的国家。

在南非，无家可归的人们也请求他人给他们捐赠手机。就像伦敦的街头音乐家弗朗西斯·佩特里尼（Francis Petrini）说的："我更有可能获得捐赠并销售更多的CD。几年前我就注意到，很多人身上根本就没有现金了。"英国人过去的现金支付率占60%，如今的现金支付率只有过去的一半；1/3的奥地利人会在支付时掏出手机。在世界范围内，人们用银行卡支付的频率是10年前的4倍。韩国中央银行在2016年时就已确认，平均每个韩国人携带着5张用来支付的银行卡。韩国还确立了一个目标：几年内整个国家范围内都要能够进行非现金支付。曾长期担任德意志银行首席执行官的英国人约翰·克莱恩（John Cryan）很确定："10年内，现金将会完全消失。"

这可能是一个长达千年的时代的终结。在过去很长的时间里，人们中意于触摸自己金钱的感觉，所以现金的形式一直存在。

3000多年前的吕底亚金币不仅耐用，还美观，它因为稀有金属的本质和如同神圣太阳一样的外观，建立了人们对它的信任。

中国人用手机支付，奥地利人很快要刷滑雪杖了吗

500年前，钱通过像塔勒银币（Taler）①这样的钱币被标准化，这已经深入到了人们的集体心理中。当1566年塔勒银币在已经支离破碎的德意志民族的神圣罗马帝国成为很多地区的官方支付货币时，贸易被刺激，并进一步发展了起来。对此，有一首童谣做了描述：

塔勒币，塔勒币，你必须流动起来，

从一个人手里面到另一个人手里面。

这真是美妙，这真是美妙，

塔勒币，不要让自己只是袖手旁观（意即要大显身手）！

这听起像是一项用于缓解新冠肺炎疫情危机带来的后果所制订的经济刺激计划。大量的银币扩展出了一个货币区，正如数百

———————————

① 15—19世纪流通于当时德国地区的旧银币名称。——译者注

年后的欧元一样。现在的世界货币美元（dollar），就得名于塔勒。

德国人说："只有现金才是实实在在的。"很多语言里都有这类的说法。英国历史学家尼尔·弗格森问道："我们生活在一个大部分钱财都看不到、只是屏幕上一串数字的世界，这是怎么回事？"

对此的答案是：因为有形的金钱是无法实现人类今日财富积累所带来的经济繁荣的。意大利北部的商人早在中世纪时就意识到了这一点，他们使用信用票据来代替随身携带的钱币——钱币往往会招来盗匪和海盗。现在，人们可能需要好多座喜马拉雅山脉体量的黄金来制作有形的、可以被触摸到的钱币，才有可能提供全球经济发展所需要的资金。

如今的很多人发现，在日常生活中使用手机上的Swish、苹果支付（Apple Pay）或者中国的支付宝，比使用现金更加便捷。新冠肺炎疫情蔓延到全世界之后，很多人更不愿意使用会被很多人经手的现金了。

自瑞典央行和英国央行等中央银行在17世纪发行纸币以来，人们就达成了一个共识：必须要信任这种和黄金不一样、本身没有价值的钱。这也让人们非常怀疑，现金现在是否应该完全消失。硬币和纸币代表着持有货币的自由，这种持有不会出现在国家或者国有的数据库里。数字化巨头谷歌和苹果，以及它们的同行阿里巴巴和腾讯，会怎么处理用户在支付时留下的所有数据呢？是否应如一些经济学家所称，国家必须要真正地废除现金来打击违法犯罪？这就带来了疑问。因此，以下将会具体阐释：为什么现金将要消失，现金将会怎么消失，以及人们如何最佳地应对这种变化。

最明显的问题就是，为什么人们现在越来越少地使用硬币和纸币？如果让人翻出 73.54 瑞士法郎或者 17.23 英镑，这会让很多人抓狂；但使用手机或者银行卡支付的人则不需要带零钱，他还可以查看精确到分的支出情况，所有信息均会被数字化记录，在街上他也不会那么容易被抢劫。在少有现金的社会，入室盗窃也就没有什么意义了。阿巴乐队（ABBA）音乐人比约恩·乌尔维乌斯（Björn Ulvaeus）这样的瑞典人正积极倡导无现金行动。学者马库斯·布伦纳迈耶说："现金是麻烦的，还会产生高额的管理费用。我们银行账户中资金的 90% 现在都已经数字化了。"

无现金支付绝对更加快速——有谁站在收银台排队的队伍里等待着一位长者掏出 73.54 瑞士法郎或者 17.23 英镑时没有想过这一点呢？如今，每人每年会有超过 200 次的购物行为，而完成银行卡或者手机的非接触式支付，只需要 3 ~ 11 秒；如果人们需要输入密码或者签名，时间则会长一点，但是也不会长过使用硬币或者纸币结账时需要花费的半分到一分半的时间。一些其他的研究也表明，非接触式支付是速度最快的。

沃尔克·维兰德（Volker Wieland）是德国政府顶级智囊团经济"五贤人"委员会（Wirtschaftsweisen）成员之一，他期待苹果支付、支付宝这类新产品能够继续取代现金："我们使用借记和转账业务已经很久了，下一步将是多样的移动业务。这会特别简单实用和便宜。"

就连信奉现金的国家如奥地利，做贸易的人和餐馆老板也正在减少使用现金。在萨尔兹堡 Szenelokal 餐厅和 Glorious Bastards 餐厅，人们也可以选择使用银行卡、苹果支付或支付宝来付账。行业专家称赞这样更加卫生且速度更快，服务员也不用担心他们收不到小费。小费还是照收，只是不如收硬币或者纸币那样容易隐瞒了。

接下来的趋势是，人们可以使用穿戴物如手表、首饰、衣服等来支付，甚至是滑雪杖。在 2018 年，美国人最常用的支付方式首次不再是现金，即使是在支付 10 美元以下的金额时也是如此。

有些国家的人则更加依赖现金，除了奥地利人，瑞士人也是如此。当巴塞尔的苏荷酒吧（Bar Soho）宣布自 2020 年 2 月起不再收取现金时，人们在网络上发起了大量的抗议。一位抗议者简短地说道："没有现金，不会去！"另一位说："对现金感到厌恶的人也许得考虑去接受心理治疗！"

在另一些信奉现金的国家，比如意大利，国家权力则对现金持批评态度。意大利人依赖现金，他们的现金支付率超过 80%，政府估计有些人是想借此降低购买价格。一些餐厅或者汽修店在客人用现金支付时可以不付增值税，商家也可以不给客人开具发票，用减少明面上销售额的方式来降低要缴纳的税额。该国每年因此流失 2000 亿欧元的税收。因此，如果消费者使用可追溯的方式也就是数字化方式来支付账单，他们之后应该会有机会获得超多奖金的奖励。

德国人为何如此依赖现金

德国人一般会带 100 欧元在身上，这可比其他欧洲人带得多。他们和西班牙人、意大利人一样，80% 的购物会用现金结账。其他国家的人将德国人描述成不怎么放松和处事不太灵活的人，还喜欢规则和安全。经济心理学家研究分析认为，德国人害怕没有现金时的失控感。人们从他们多变的历史里可以捕捉到，各种局面会以飞快的速度发生变化。经济学家莫里茨·舒拉里克说出了另一个理由："德国的银行在支付创新方面落后于其他国家，我们因为纳粹政权失去了一部分的金融精英。"

但是，倾向使用现金的国家目前也在发生变化。一位奥地利餐饮企业家弗里茨·斯特朗德（Fritz Strondl）说道："我儿子和他的朋友们几乎都是通过手机软件来付款的，现金的意义将会逐渐消失。"瑞士人现在掏出银行卡转账的频率，已经大于掏出硬币和纸币的频率了。2018 年，德国走到了这样一个分水岭——公民首次在购物时更多地使用银行卡支付。这也是现代经济对现金的排挤。连锁超市 Edeka 正在测试顾客使用 App 直接自助扫描来完成购物结账，不再排队结账和使用现金；德国大众银行不再为旺格鲁格岛（Insel Wangerooge）的商店提供零钱和硬币了；杜塞尔多夫出现了第一批只支持银行卡支付服务的餐厅，如 Baba Green；面包店里的面包师也突然允许顾客用手机支付。德国卡尔斯鲁厄应用技术大学的哈根·克莱默（Hagen Krämer）认为："在德国，这是一个代际问题。年轻人是偏好科技的人，手机对他们来说，就像是长在身体上的一个新部分。"苹果公司和谷歌公司的出现推动了智能手机的发展，现在已经有 1/4 的德国人使用手机支付。

各地的趋势已经很明显：现金的重要性正在大大降低。在开始讨论问题前，先说明一下：数百年以来，现金在稳定地逐渐消失。

仅仅依靠现金，现代财富将无法完成相应的积累。如果要用贵金属为今日全球经济所需要的货币量铸造钱币，需要好几座喜马拉雅山脉那么多的黄金，但世界上只有少量的黄金和白银。即使这个世界拥有足够多的贵金属储量，靠现金运行世界经济系统也不是好主意。

在进行如今几秒内就能完成的经济活动时，使用可触摸的货币会让人们效率低下。用现金支付租金、电费、保险费、税费、订阅报纸的费用？向在美国、中国或巴西的汽车制造供应商支付现金？现代商品是在几大洲共同形成的价值创造链上完成制造的，一个只能进行现金支付的经济系统将会带来贫困。这就是为什么今天我们至少有 90% 的钱是以银行账户上虚拟的数字列的形式存在的。但我们又可以从银行取款机取出现金，因此这些数字列是值得信任的。

现金的局限性也表明，人们很难用黄金作为它的准备金。对国家货币提出批评的人一次又一次地提出这个想法。他们蔑视作为"菲亚特货币"（Fiatwährungen）[①]的欧元和美元。Fiat一词源自拉丁语，意为"理应如此"。这证明中央银行发行的现代货币并不是可靠的——因为与过去不同，它不是由黄金制成，也不是由黄金来担保的。

用黄金进行担保背后的想法是，中央银行只能发行占金库中黄金储量固定比例相对应量的货币，如果达到了比例限制，就必须停止发行货币。接下来，银行就不能再为想要购买新机器和建立新工厂的公司提供新的贷款，国民经济就会停滞。尼尔·弗格森解释说："如果货币量和贵金属存量相关，银行就无法轻松地扩大发行量，经济会因为黄金或者白银的短缺而无法实现真正的增长。"如果因为黄金短缺造成货币发行量增长不足，商品价格就会下跌——通货紧缩所带来的威胁是持续的价格下跌，从而削弱经济。当价格下跌，自己的产品在未来只能获得比预期少的收益，还会有公司投资吗？

弗格森分析道："导致20世纪30年代早期在德国发生通货紧缩的原因之一，就是金本位制。"该通货紧缩是导致后来世界经济危机发生的原因之一，这也导致了希特勒的上台。当时提出了现代反危机政策的英国经济学家约翰·梅纳德·凯恩斯（John May-nard Keynes）认为，金本位制度是"野蛮的遗物"。

[①] 菲亚特货币是直译，意即法定货币。——译者注

（发行纸币时的）黄金准备，抑制了经济的发展。1971年，美国完全放弃了用黄金为世界主导货币美元做准备金的做法。现代货币不是通过开采自地下的金属来让自己合法化的，而是通过国民经济的表现来确定其合法性，同时，通过发行货币的中央银行来建立人们对货币的信任。在过去的几十年里，美联储成功地避免了因高通胀率而造成货币贬值的风险。

像金本位制度一样，强行限制货币量会让经济发生危险的停滞。增长怀疑论者提出了所谓的主权货币：私人银行不应该再通过信贷获得收益，顾客的账户资金必须全部用中央银行的钞票作为准备金。这样的准备金制度和黄金准备金制度是一样的，会遏制信贷，从而抑制投资。主权货币支持者所抱怨的由于经济活动产生的环境问题，其实可以通过另外的方式更好地解决，例如更加环保地生产，以及使用新能源。

公民手上可触摸到的货币，在其广泛普及的过程中也暴露出了它的缺点。钱币造假者们，例如法国国王腓力四世，用价格低廉的铜代替贵金属来铸造钱币以充盈自己的财库，这毁掉了信任。15世纪时，货币在贸易共和国威尼斯完全被耗尽了——在土耳其苏丹占领塞尔维亚的银矿后，威尼斯就没法再铸造银币了。

历史上极具讽刺的一件事是，天主教教会也是因为现金而失去了对基督教的控制。16世纪马丁·路德之所以能在波罗的海和易北河间快速集结了自己的追随者，正是因为他反对赎罪券交易。天主教教会向信徒们承诺，他们可以通过捐赠来赎清自己的罪过。

信徒们所捐的钱币被装在无数的箱子里，在武装保护下运往罗马。沿途的人们愤怒地看着他们来之不易的钱财被运往意大利，消失不见。如果不用现金进行赎罪券的交易，罗马的神职人员也许会遭受更小的伤害。

对比人们在新冠肺炎疫情期间对现金存在的强烈怀疑，这类历史逸事的说服力就有些显得苍白无力了。钞票上总是活跃着成千上万的细菌，它的危害性通过新冠肺炎病毒的传播显现出来。商店要求顾客们通过手机或银行卡支付，美国的大型食品配送公司 Grubhub 和快速物流 DoorDash 等不再允许使用现金。在奥地利，几乎所有的企业都请求大家进行无现金支付。任何在汉堡市的面包店使用现金支付的人，都被要求进行登记，以便在发生传染时能找到相关人员。瑞士国家银行解释道："纸币可能会像其他公共物品如门把手一样被污染。"瑞士伯尔尼卫生局的马克·维茨基（Mark Witschi）警告说，流感细菌最长可在纸币上存活 17 天。美国、中国、韩国的中央银行对现金进行了"隔离"，有些国家甚至将它们焚烧掉。

但是，现金带来的风险到底有多大，还是存在争议。根据一份被大量引用的美国研究显示，病毒在铜上可以存活 4 小时，在纸上甚至可以存活长达 24 小时。然而，银币只含部分的铜，纸币也不是由普通的纸制成。美国密歇根大学流行病学家艾米莉·马丁（Emily Martin）安慰道："我想新冠肺炎病毒不会在货币上继续传播。"美国乔治敦大学的朱莉·费舍尔（Julie Fischer）则说："人们并非不可能在美元纸币上发现该病毒的痕迹，但是洗手应该能提供足够的防护。"

市民们还是改变了他们的行为。60%的德国人现在常常会用银行卡支付，也就是说，他们现在最偏好无接触支付。疫情危机加速了现金的消失，已经适应了使用手机或者银行卡支付的人，在疫情结束后仍然会保留这样的习惯。75岁的退休人员西格林德·伯格（Sieglinde Berger）在疫情发生前几乎一直在使用现金支付，现在，她也转换成使用银行卡支付了。她说："我认为我现在会一直选择用银行卡支付。"N26数字银行奥地利分行行长瓦伦丁·斯塔夫（Valentin Stalf）预测："在新冠肺炎危机过后，人们也不会再像过去那样用现金支付了。"

社会学家解释说，很多人觉得新冠肺炎病毒是从外部强加来的风险，所以有一种非常典型的处理方式是在生活中极端地避免一种行为方式从而避免风险，比如现在使用银行卡或手机支付代替现金支付。在目前紧急的情况下，很多人熟悉了另一种行为习惯，这种习惯也就会一直持续下去。"这对如今还钟情于现金支付的老年人同样适用。"

病毒的大流行加速了注定会发生的事情的发展进程。人们越来越频繁地使用银行卡和手机，因为他们感觉这样非常便捷，年轻人对新的技术也持有非常开放的态度。现金为什么正在逐渐消失，这是有原因的。

但是现金也不会立刻消失不见。立刻废除硬币和纸币会违背很多人的利益，他们坚持保有现金的权利，这会比智能手机上的数据跟踪给予人们更多的隐私。但是，实力强大的企业和经济学家希望有目的地把现金替换掉，纸币和硬币首先会因为商业动机而受到实在的攻击。这样的攻击违背市民的利益。这在新冠肺炎危机发生时也显现了出来。病毒的大流行不仅让人们害怕接触现金，同时又让他们产生了对大量现金的需求。

虽然很多人避免使用现金支付，但是他们却囤积了现金。当股票崩盘、职位不保时，便会陷入经济危机，这可是会威胁到生存的。与从前面对危机时一样，人们会购买黄金，从银行提现，将财物贮藏在家中，以备在紧急情况下购买物品储存。在新冠肺炎疫情发生后，德国人从银行取出的现金量是平常的2倍，奥地利人的取现量是平常的3倍。

03

**刷脸支付，纯粹的监控：
亚马逊、阿里巴巴和苹果
是如何排挤现金的**

欢迎来到没有人排队结账的超市，这里面根本就没有收银台。去 Amazon Go 购物的人，用智能手机在入口处扫描一下，之后，摄像头会记录下他所购买的物品，再直接通过绑定的账户扣款。这类超市在美国开了 20 余家后，在欧洲，第一家这样的超市于 2019 年在伦敦开业了。

亚马逊公司随后申请了一项专利。之后，顾客需要扫描自己的掌纹来进行支付，在其他与亚马逊公司合作的超市内也同样如此。顾客未来在领取亚马逊公司的快递时，有可能也只需展示一下自己的掌纹。将来，亚马逊公司可以追踪整个购物行为，甚至在某种程度上对消费者进行监控，这在现在还是无法想象的。

从这个例子可以看出，强大的公司是如何设想新消费世界的：弱化现金，丰富数据。目前许多大公司都反对硬币和纸币，比如万事达（MasterCard）公司和 VISA 公司——它们都在追逐自己作为信用卡服务供应商的利益；也有苹果、谷歌和腾讯——它们不仅在追逐作为数字公司可以获得的利益，也在追逐作为金融类公司的利益；还有亚马逊、阿里巴巴和一些大型连锁超市——它们正在追逐作为零售商的利益，其中一些公司诸如亚马逊或阿里巴巴，甚至将会成为电商和金融公司的结合体。这是对现金的特殊攻击。

为了同时排挤现金和竞争对手，这些公司绞尽脑汁，推出刷手支付，通过试衣间的镜子支付，或像前言中的张黎明一样刷脸支付等功能。这符合民众的利益吗？作为德国政府顶级智囊团的经济"五贤人"委员会成员之一的阿希姆·特鲁格（Achim Truger）并不这样认为，他说道："我认为现金是重要的，人们不应该放弃使用它。所有的支付都被记录下是有危险的，不受约束的数据采集让监视成为可能。"德意志联邦银行董事会成员约翰内斯·比尔曼（Johannes Beermann）说道："有关废除现金的争论，首先是由那些将特定商业模式与之联系起来的人主导的。"

比现金更好

对现金的攻击来自不同的方面。有些贸易商觉得使用现金的成本越来越高，运输也需要花费成本，银行要求收取更多的手续费。拥有6家门店的德国面包师伯恩德·布劳恩（Bernd Braun）抱怨自己将硬币运送到银行非常费事："我真的是用桶装着硬币扛过去的，再倒入银行的数币机，这耗费了时间还有费用。"

现在，通过银行卡或者手机实现的非接触式支付正在使结算发生决定性的改变。非接触式支付操作起来更加快速，使用成本更低，因为相比速度较慢的现金结账方式，使用该支付方式，只需更少的工作人员参与工作。虽然需要签名或者输入密码的银行卡支付方式其实不比用现金支付速度快，但这一情况正在被其他的非接触式支付方式改变，使用这些支付方式的速度是使用现金支付速度的 2 ~ 5 倍，而这些非接触式支付方式自新冠肺炎疫情发生以来，就持续流行着。

德意志联邦银行的一项研究显示，如果顾客使用银行卡的非接触支付功能，超市只需付出该顾客消费额 0.6% 的成本；如果顾客使用硬币或纸币支付，超市则要付出使用非接触式支付时所需成本的 3 倍，因为使用现金付款的话，超市就需要更多的收银员来承担收支工作及处理其他事宜。因此，商贩想要减少使用现金，是出于经济利益的考虑。

法国、荷兰、英国和德国的连锁超市正在测试无收银台超市。亚马逊公司应该会计划开放最多 3000 家无收银台的商店。这家美国公司已经在欧洲开了第一家拥有 5000 种商品的无收银台超市，这个规模是现在一般超市的 5 倍。

信用卡公司也希望能拓展它们的业务，万事达、VISA 和美国运通都希望能借此收取更多的费用。它们宣传用户在全球化的世界中于私于公都将变得更加灵活，在任何地方他们都可以使用信用卡支付。万事达总裁赞扬道："我们将数十亿人与超过200多个国家和地区的6000万零售商联系了起来。"万事达加入了"比现金更好"（Better than cash）全球联盟，该联盟由国家和企业组成，将会加速从现金到数字化支付的过渡进程。据称，这个联盟的首要目的是帮助世界上的贫困人群。

总的来说，支付将会变成越来越有趣的业务。麦肯锡管理咨询公司预测，到2022年，全球支付公司的年营收额将会暴增至3万亿美元，相比过去增长50%。黄金时代召唤着服务提供者，这个行业正在爆发数十亿美元级的并购浪潮。

长期以来，银行都被认为是缺乏想象力的。第一张信用卡——大来卡（Diner's Club）在"二战"结束后不久就出现了。美联储前主席保罗·沃尔克（Paul Volcker）嘲笑，银行最近一次真正的创新成果还是1967年出现的取款机。而如今，技术不仅仅为传统的银行业，还为新的支付公司带来了很大的进步。

一个特别生动的例子就是德国慕尼黑附近地区阿施海姆（Aschheim）的德国金融科技公司Wirecard。过去，没有人知道这家为色情和博彩公司处理支付业务的公司，直到2018年该公司取代了传统的德国商业银行，因为它迅速攀升到德国达克斯（DAX）股票指数市值排名前30位的公司之列。

长期以来，针对Wirecard进行可疑交易的指控从未停止——本应在菲律宾账户里的数十亿资金失踪了。该公司长期以来的负责人马库斯·布劳恩（Markus Braun）——一位冷酷的扩张者——

不得不在2020年6月因此辞职。在该纠纷席卷公司前，Wirecard公司曾提出有关去现金化的宏伟计划。为此，首席开发者展示了该公司为时尚行业的试衣间打造的一面镜子。顾客如果触摸它，它就会变成一个屏幕，顾客可以通过该屏幕获取服装的信息并结账。下一步是引入可以推荐商品的全身扫描仪："您在去年夏天购买了一条黑色短裙，这件白衬衣与之非常相配。"

一位来自数据融合领域的记者报道称："人们在无现金支付过程中不再进行现钞的交换，但是会交换大量顾客数据和信息。马丁·古特尔（Martin Guther）谈到如今商业世界普遍存在的弱点时提到：'如今，公司只认识自己的产品，但还没有充分认识它们的数据。'SAP软件公司的数字平台负责人强调，有关顾客在预订产品和进行其他数字化交互时所产生的购物行为数据是一项战略资产。同时，消费者真正贡献出了越来越多的消费行为数据，这些数据反过来又使销售变得更加容易。"Wirecard提供过掌纹支付服务，以及通过亚马逊的Alexa助手提供语音支付服务。

当要追缴Wirecard的可疑交易所涉及的数十亿美元资产时，该公司申请了破产。但是，就新支付形式所制订的计划还会被继续执行，执行者可能还是这家公司，也可能是其他供应商。

数据大盗

一位著名的中央银行任职的银行家向我解释道："支付交易过

去一直是世界上最无聊的事，但现在已经变得有趣。支付交易意味着数据，还是可以被广泛运用的、非常有意思的数据。"到目前为止，银行垄断了这些信息：一个人每月收入多少，又支出了多少，但是银行只使用这些信息来调查是否要给某位客户放贷。而现在，盯上了数据的数字业务供应商正在和银行进行竞争。这位银行家还说道："到现在为止，在很多德国这样的国家，一切都是通过银行账户来操作的。而现在，发展起来的数字公司越多，情况就越不明朗。"传统银行不仅仅在支付方面不再被人们依赖，它们也正在关闭成千上万家只提供现金存取款业务的支行。数字业务供应商非常愿意填补这个空白，同时这些供应商也关注到了用户的私人生活范围。

这样的业务对那些商业模式同样是建立在广泛搜集个人数据基础上的公司来说，是特别有趣的，例如亚马逊、谷歌、苹果、脸书等美国数字公司，以及中国的阿里巴巴和腾讯，它们都在谈论这类业务。莫里茨·舒拉里克对我说："数字支付总会留下痕迹。对苹果和腾讯这样的非金融公司来说，这是一个获取数据的好机会。"

对现金的攻击行为，也在抢夺大量数据。

"从银行90%的客户数据是在支付过程中获得的这一事实可以看出，数据量有多大。"卡罗琳·罗斯（Carolin Roth）在《新苏黎世报》上写道。这些支付业务并不像放贷业务那样有利可图，但这些利润并不是数字公司所想要的，"它们的目标是通过更多地了解客户，让用户与自己的生态系统紧密地联结。"这样，这些公司就能为用户提供个性化的服务。一家瑞士的银行软件公司的创始人弗朗西斯科·费尔南德斯（Francisco Fernandez）说，人们无须涉及过于复杂的法律法规，就能让这些数据变现。

美国的数字巨头多年来一直在向金融业务领域奋力挺进。人们可以通过苹果支付或谷歌支付（Google Pay），用智能手机在超市里几秒钟内完成支付，然后手机会发出一声完成提示音。为此，这些数字公司会向商家收取部分手续费。在美国，还有为特定支付所开发的亚马逊支付和脸书支付。

非现金形式的交易所涉及的金额巨大，超过1/3的地球居民已经使用上了手机支付软件。英国朱尼普研究公司（Juniper）预计，2020年全世界非接触式支付交易额激增至2万亿美元，到2024年时，该交易额将增至6万亿美元，是现在的3倍。这种增长主要会通过目前正在亚洲爆炸式发展的谷歌支付和苹果支付来实现。

苹果公司曾恬不知耻地在广告宣传中扩大人们对新冠肺炎疫情的恐惧："苹果支付是一种安全的支付方式，你可以通过它来避免触摸按键和按钮，以及避免现金交换。"顾客应该非常愿意通过指纹或刷脸来识别自己的身份："按两次苹果手机侧面的键用以进行面部识别，看向屏幕，并让苹果手机靠近读取机器。"

这些公司正借助支付业务渗透到其他金融业务中去。苹果现在还提供信用卡业务，亚马逊同样如此。美国人通过这两家公司发行的信用卡借贷了数十亿美元，亚马逊的小额贷款业务已经开放了数年，它还在计划进军保险业务。总部位于瑞士巴塞尔的国际清算银行（BIS）认为："大型科技公司往往是从支付业务起步，随后，一些公司的业务会拓展到信贷、保险、储蓄及投资产品。然而，这也带来了与金融稳定性和共同收益有关的问题。"

谷歌公司已经开始了转账账户的业务。当然，这不是普通的转账账户，而是"智能转账账户"——也许这些账户会"独立思考"。金融分析师蒂莫·埃姆登（Timo Emden）将这个项目评价为谷歌公司对银行的挑战："首先关于谷歌在进行此业务的过程中所获取的客户数据。依我看，谷歌可以用转账账户来获得账户数据、购物信息和支付信息。这些数据被允许和谷歌公司已经获取的个人数据相联结。"而谷歌公司解释说，客户拥有其数据的控制权，这些数据不会被用于广告用途，也绝对不会被出售给第三方。

但是，隐私在这个绚烂的金钱新世界中究竟会被怎样对待？虽然在欧洲对此适用相对严格的法律，一般的公民会收到数字公司发来的长达几页的数据保护同意书，但是用户通常根本没有理解里面的内容，就匆匆接受了这些同意书。如果再加上阿里巴巴的人脸识别和亚马逊的掌纹识别，就会出现一个问题：企业的全面监控已经到来了吗？"危险已经存在。"德意志联邦银行董事会成员伯克哈德·巴尔茨（Burkhard Balz）说，"问题是，欧洲的立法者要如何处理这样的事情。立法者必须密切关注这些支付业务提供者的新动态。"

现金遭受排挤，对于数据保护而言是危险的。作家乌尔夫·

舍纳特（Ulf Schönert）警告说："信用卡、苹果支付等会留下数字痕迹，因为每笔支付的过程都会被记录下来。仅凭这些数据，一份非常详细的个人档案就能被创建出来并被利用。亚马逊这样的公司长期以来一直在这样做。"消费将被操纵，经济学家乌尔里希·霍斯特曼（Ulrich Horstmann）批评道："他人可以知道一个人在某个时间会有哪些喜好，这样全面的信息将会导致他人可以对这个人进行充分的经济压榨。公民自由和民主会受到威胁，因为这里存在着不对等——在那些搜集数据的人和'自愿'授权数据的公民之间。我对废除现金持批评态度，因为这终究会通往数字化的奴役之路。"

科技公司的权力

欧洲金融监管机构判断，数字公司因其所拥有的敏感的客户隐私数据的规模和数量，正在给消费者带来风险。作家诺伯特·海林（Norbert Häring）说道："在支付世界，一场针对现金的战斗正在激烈进行。数据保护是现金最主要的优势之一，人们在进行数字支付时，将被看透一切。"

事实上，大多数人很轻易地就把自己的数据交给了数字公司。尽管不断遭受黑客攻击，在德国，移动支付每年还是增长约25%。2/3的德国年轻人完全不反对亚马逊、脸书和谷歌的金融业务。

大型科技公司正在全力以赴，利用好发展的机会，成果也相当可观。欧洲的一位金融观察员说道："亚马逊、苹果和阿里巴巴具有优势，比如强大的金融实力、品牌知名度及全球客户源。它们可以多次使用从其他产品，比如社交媒体中获取的数据，为客户提供量身定做般合适的产品。因此，它们也能在不同的金融产品领域获得可观的份额。"

攻击现金的背后是童话故事般的进取，比如杰夫·贝索斯（Jeff Bezos）。20多年前，这位背景简单的美国人跪在他位于西雅图家中的地板上，给他的新公司打包第一批卖出去的书。据说，贝索斯是在一张餐巾纸上画出了他的商业模式：一个橘黄色的圈，里面写着growth（增长）这个词语，还环绕着一些箭头。增长降低了成本，这又会让产品价格降低，以此带来新的增长。如此地一直循环下去。

亚马逊的创始人一度是世界上最富有的人。他拥有超过1100亿美元的资产（截至2020年德语版出版时），比600万爱沙尼亚人、拉脱维亚人和立陶宛人每年所创造的国内生产总值还多。

单家大型数字公司在证券交易所的价值，比大多数德国大型股份公司的总和或其他国家大型公司的总和还要高。《纽约时报》分析说："权重向少数公司转移的情况具有彻底改变世界经济的能力。"少数公司在竞争中获胜，占据了主导地位，并击退了不公平的资本。

用户会被一直吸引，直到公司间的竞争被消除——某家公司垄断性地占有份额。有时，这让人想起意大利电视连续剧《高莫

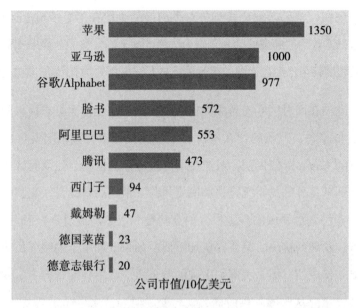

图 3-1　巨人的重量

数据来源：证券交易所数据（2020 年 2 月 28 日）

拉》（*Gomorrah*）中黑帮老大西罗·迪·马尔齐奥（Ciro di Marzio）对一个小商贩解释的商业原则："最重要的是什么？是市场。一旦我们把其他人从这个市场赶出去了，我们就可以为所欲为。"

但是如果有些事情妨碍了数字公司，它们的前行之路将会非常艰巨，特别是当欧洲最大的经济体挡在路上时。苹果运用苹果手机的 NFC 接口进行非接触式支付时的数据交换，同时还屏蔽了其他的支付应用。德国政府为此制定了应对的法律规定。据说，苹果已经通过美国政府对此进行了干预，并且准备了专家意见来说明德国的做法是违宪的。一位议员说道："这完全是非常规的过程。"德国政府认为，有必要快速地通过该法案。

现在，苹果必须让其竞争对手的产品也能在苹果手机上运行，但这只是政治性的虚假胜利，因为法律干预来得太晚了。苹果支付的普及程度甚至已经让德国的银行无法再开发出新的竞争产品与之抗衡。

欧洲在面对国际支付服务供应商的进攻时显得无可奈何，除了担心和计划，其他的什么也没有。法国央行银行家伯努瓦·科尔（Benoît Cœuré）警告说，对这些国际供应商的依赖会让欧元区更容易受到来自外部的干扰，比如网络风险。最坏的情况是，它将会失去在支付交易领域的自主权。伯克哈德·巴尔茨说道："新冠肺炎疫情让欧洲的解决方案变得更加重要。如果欧洲本土的服务供应商不能获得成功，那么美国和中国的服务供应商将会接管客户。我们不应该依靠这些国际供应商，支付交易对经济来说非常重要。"弗朗西斯科·费尔南德斯认为，这场战斗的结果已定："在支付交易方面，银行将不太可能再与这些科技公司抗衡。这列火车已经驶离。"

我们可以在中国就数字支付巨头获得的影响力进行研究。在那里，腾讯这样的供应商在短短5年内就让旗下的微信支付取代了现金，中国年轻人如今很少带钱包，全国80%的人在使用手机支付，甚至僧人都会通过手机支付来化缘。街头商贩也需要通过手机支付来收款。当人们像天津的张黎明那样使用刷脸支付时，客户信息将会变得更加透明。

10亿中国人正在使用阿里巴巴和腾讯的支付软件。这些公司建立了一个平台，中国人可以通过这个平台做所有的事情——购物、写作、阅读、玩游戏、投资、预定火车票、预约看医生、读消息、转钱、付账单、贷款。这些公司搜集着无穷无尽的数据，它们用附加的服务吸引用户去使用更多的应用程序。

它们知道所有的一切。

在店里购买一瓶可乐的人，马上就会收到手机推送的另一款产品的广告，阿里巴巴和腾讯对所有的支付都使用算法。金融研究者马库斯·布伦纳迈耶叙述道："使用微信支付能衡量和决定信用度。腾讯知道某人拥有哪些线上好友，他是否经常停留在两个不同的地方，比如一个地方是自己家，另一个地方是女朋友家。在妻子之外还有婚外女友的人，会被视为有离婚风险，因此有更高的信用风险。"

对现金进行攻击的背后主使，是阿里巴巴这样的公司，它由马云所创立。大学毕业后找工作时，他曾被30家公司拒绝，连肯德基的门店也不愿意聘用他。所有的这些公司显然都忽视了马云的决心和意志。这位曾经的英语老师用坚定的双手，将他那小型贸易公司发展成了跨国企业。这家20多年前在杭州的小公寓里成立的公司，2014年时进行了当时有史以来最大的首次公开募股（IPO），马云以400亿美元身价成为中国有史以来最富有的人。

阿里巴巴和腾讯正在和政府进行紧密的合作。驻北京记者伯恩哈德·赞德（Bernhard Zand）分析道："政府和数字企业将一同把中国建设成为能影响21世纪的数字大国：以消费为导向，并且强大。"

看起来不变的排名并不是第一次发生变化了。过去，工业化国家通常被认为是债权国，世界上其他国家是债务国。现在，中国是美国的债权国，还有可能取代美国成为世界上最大的经济体。阿里巴巴正掌管着世界上最大的货币市场基金之一。金融研究学者布伦纳迈耶预测："支付宝在全世界拥有 5 亿用户，并可能会成为在东南亚各地扩展该类业务的第一家公司。"该公司对东南亚及印度的金融公司投资了 10 亿美元，还参投了一些欧洲金融科技公司，比如瑞典支付企业 Klarna 和德国的 N26 数字银行。

现在，人们在像古驰（GUCCI）、道格拉斯（DOUGLAS）或者劳诗曼（ROSSMANN）这样的连锁店里已经可以使用中国的支付软件来结账了。一开始，这项业务只针对中国游客，不久后也许会面向西方消费者。但是，欧洲在消费者数据保护方面的法律法规和中国的并不一样，一位匿名的有影响力的中央银行银行家告诉我，欧洲并未就应对这些服务供应商的数据保护问题做好准备："还有很多要做的。"

04

论现金的合理性：
为何民众应该按照他们
愿意的方式支付

过去，人们一直都在允许自己的财产遭受攻击。在法国，卡佩王朝的腓力四世于1286年登基，在位17载，46岁时就因一次狩猎事故去世。尽管如此，人们仍然铭记着他，因为他把法兰西王国建成了强大的国家，并击溃了圣殿骑士团。因其拥有骑士般的体格，腓力四世获得了"美男子"的绰号，但后来法国人又给他起了"造假币者"的绰号——为了敛财，他用价格低廉的黄铜来制造金币，并通过警察来迫使公民接受这些劣质币。

如今，民众同样正在遭受大公司对他们的现金发起的攻击，同时，政治家和经济学家也希望能废除现金以打击犯罪行为。但是人们有权使用现金，他们应该按照自己的意愿选择支付方式。然而，似乎大公司与专家所提倡的都忽视了人们本身的意愿。政府必须得承认这一点。

在苹果支付的发源地美国，人们对纸币和硬币还是有像过去一样的需求。低于25美元的购物交易中，美国人选择用现金支付其中的一半交易。奥地利退休人员沃尔特劳德·帕彻（Waltraud Pacher）解释说："现金应该存在。我喜欢手头有现金。当我阅读时，我想手里捧着的是一本书，而不是电子阅读器。"比他年轻很多的学生安德里亚·格洛（Andrea Gelo）赞同她的说法："我无法想象周末出门时仅使用银行卡或智能手机完成支付。"3/4的德国人认为，如果不再有纸币和硬币，这将会是一件糟糕的事。

大部分人并不信任苹果这样的数字公司。

"瑞士会成为最后一个废除现金的国家"

虽然在新冠肺炎危机中，大部分人避免使用现金支付，但同时，硬币和纸币就像在过去发生其他危机时一样，为人们提供了安全保障。研究货币心理学的哈佛大学教授谢尔·桑塔纳（Shelle Santana）说道："现金拥有数字货币所缺乏的确定性和可控力。"咨询顾问建议，人们得在家中一直保有足够的现金，以便应对长达数日的购物所需支付的费用。

即使是在如此极端的时期之外，人们也还是很看重纸币和硬币，为的是充分保护自己的隐私。经济"五贤人"成员之一沃尔克·维兰德说道："现金有一个很重要的优势，那就是匿名性。现金支付交易一般不会和我的名字绑定在一起，有关我的数据也就不会被搜集到。这意味着，只要谁想减少所生成的数据，就可以优先使用现金进行支付。"

乌尔里希·霍斯特曼说，不管是信用卡公司还是苹果或谷歌，这些非现金服务商在推广非现金支付时很多都是出于自身利益。"首先，它们赚取手续费，并且从用户那里收集了大量的个人数据。然后，它们把这些数据用很可观的价格卖给市场研究员。"

在进行任何数字化支付交易时，用户的数据都会被保存下来，而用现金支付的人就能避免这种情况的发生。在对用户数据感兴趣的权力面前，他就不那么透明了。因此，使用现金是应该争取的自由。

作家阿德里安·罗比（Adrian Lobe）警告："与现金相反，通过数字支付可以追踪每笔交易：人们晚上在加油站买了一瓶杜松子酒之后是否会买点烟，或者每隔多久会去药店买一次止痛片。但是，利用这些数据，算法得出的高风险特征也会让无辜群众受到怀疑，因为购买榔头的模型是被赋予高风险值的——即使人们购买这个工具不是为了去盗窃，而是为了修缮自己的花园。算法对此没兴趣，它还是会按照原有的逻辑进行推断。"

防止废除现金，还意味着对文化差异的尊重。是的，斯堪的纳维亚地区的人大部分会使用数字支付方式，相比其他国家，他们并没有非常重视匿名性。通过纳税申报表，他们就可以看到同事或邻居赚多少钱，但没有人因此而抗议。瑞士人、意大利人或者德国人则更加注重隐私。在这些国家，人们不会知道同事或邻居的工资是多少，也不会去询问。苏黎世大学金融研究员托斯滕·亨斯（Thorsten Hens）预言："瑞士会成为最后一个废除现金的国家。"

这些国家的民众应该会继续选择使用现金支付，并对此有充分的理由。可以支配现金，人就不会完全臣服于技术。2018年韩国电信公司（KT）发生的火灾让半个首尔陷入了瘫痪，不仅医院和很多机构，支付终端也受到了影响，几乎不保有现金的韩国首都居民在那个时候只能付现金，短短几个小时内，所有银行取款机内的现金都被取空了。对这种情况的出现持怀疑态度的人，一定是还未经历过飓风或龙卷风造成的断水断电，或者没有经历过新冠肺炎疫情的人。正准备应对股市崩溃的投资者，没有预料到领航投资（Vanguard）和富达基金（Fidelity）会在2020年3月间歇性地停摆数日。这些经验都给人们带来了不安。

除了物理上存在的病毒，虚拟病毒同样具有危险性。比如，当服务供应商的支付系统遭到网络攻击发生瘫痪时，或者是半个国民经济都在遭受网络攻击时，数字支付的优势就变成了劣势。英国消费者权益倡导者詹姆斯·戴利（James Daley）说道："瑞典政府部门曾说过，在这种情况发生时，他们可以为国民提供一周所要使用的现金量，以防止混乱蔓延，这是另一个不能放弃现金的原因。"还有一种不可忽视的现实情况：社会上的一些弱势群体常常不能够使用数字支付。

一些人会通过使用硬币和纸币来更好地控制自己的支出。奥地利服务员米歇尔·穆斯塔菲克（Michael Mustafic）发现，当他手里拿着50欧元去付账时，他会与支出产生另一种联系。研究人员发现，人们使用现金时会产生很强烈的因损失而产生的痛苦。购买者拿出硬币和纸币，把它们付出去，然后拿回一些找头——他会感觉自己在花钱。人们使用银行卡支付的话，钱就不知不觉地消失了。用智能手机支付时，人们更加无法感觉到自己可支配的财务空间正在越变越小。快速消费可能符合消费行业的利益，但并不一定符合消费者的利益。

当消费者使用现金支付时，他们会觉得这是将自己与财产更紧密联系的一种方式。消费者门户网站biallo.de确定，在德国储蓄银行和德国大众银行拥有特定账户的德国人会在用卡支付时被收取高额的手续费，平均每次收取34欧分。早上在小售货亭采买，晚上在超市购物——那些一天刷卡两次的人，每年将要支付多达400欧元的手续费，银行喜欢掩饰这些费用。消费者权益倡导者尼尔斯·瑙豪泽（Niels Nauhauser）批评道："如果在新冠肺炎疫情发生时银行呼吁民众多使用非现金支付方式以保护自己和他人，那么这看起来就不会像他们过去呼吁非现金支付时那样假公济私。"

目前，现金还有另一个优势，这得益于货币所拥有的三个职能：价值尺度、流通和支付手段，以及贮藏手段。现金作为价值储存载体，在正常情况下发挥的作用有限，它可能被盗，也可能化为灰烬；保险箱昂贵；因无利率，现金会因通货膨胀而贬值。这似乎是一项亏本生意，但是当货币系统发生非常规情况时，衡量标准也会发生改变，由于银行甚至会向储户要求支付手续费，沃尔克·维兰德对我说："在负利率时代，现金突然变成了一项很有吸引力的投资。这是银行不将中央银行的负存款利率转嫁给储户的原因之一，至少它不会转嫁到小额储户头上。否则，持有现金将很快变得很有吸引力。"

现金也可以防止中央银行任意地将主导利率调至远低于零的水平，以让民众来支付储蓄所产生的利率。没有人被允许通过废除现金来剥夺储户保护自己防止支付银行手续费的权利。"没有现金之后，银行能拥有绝对控制权，还可能造成极高的负利率。"托斯滕·亨斯说。

如何利用现金支付上限来打击意大利黑手党

长期以来人们怀疑，政府有意要废除现金，为的是能完全掌控公民，然后，国家就可以通过让民众负担5%的负利率的办法来减少国家的债务；或者针对储户无法避免的银行账户余额征收特别税，因为储户不再提取现金了。

这些猜测往往散发着阴谋论的气息，在这种论调下，所有的政府都摆脱不了干过坏事的嫌疑。但因为现金的重要性，所以我们应当探讨这个问题：政府真的想废除现金吗？还是说只想部分性地限制现金使用？那么什么时候废除现金才是合理的？公民应该如何应对？

事实上，像美国人肯·罗格夫（Ken Rogoff）这样的经济学家是希望能废除现金的。这位国际货币基金组织（IMF）的前任首席经济学家曾展示过一张照片，照片上是很多的武器和堆积如山的现金。这张照片意味着"现金助长犯罪"。

强盗和恐怖分子当然更喜欢匿名的一捆捆现金，而不是可以被记录的数字支付。这样，他们就可以洗钱了。现金支付也让餐馆和商店容易逃税，顾客付账后，账单不会入账，或者入账记录会被删除。特别是在欧洲南部地区，很多公司使用了这种做法，导致政府收入的损失，而这些收入本可以被规划为政府因国民需要而发生的必要支出。

现金还会助长贿赂。西门子商业贿赂案的主要证人向我展示了他的公文包："可以放100万欧元在里面。"他对德国经济史上最大的一次腐败案件有深刻的见解："我们电信部门的一位董事总是说：'如果发生了什么事，我们就会安排陪同司法机构的人去洗个桑拿。然后这事就解决了。'这安慰了我们，因为一直有新的理由让我们必须去疏通关系。首先，人们为了获得订单而付钱，然后为了获得某国的准入证而付钱，接下来，就让客户为产品而付钱。"

现金助长了犯罪和贿赂行为，但这并不意味着人们必须或者应该要废除现金，只是说，要限制大笔数额的现金支付。就像很多政府的做法——他们限制大额现金交易，但是绝对不会废除现金。针对纸币和硬币的国家大阴谋还没有发生。事实是，肯·罗格夫的前东家国际货币基金组织发表了一些文章，提议废除现金，但并没有工业化国家就此制定了相应的法律。像乌尔里希·霍斯特曼这样的政府批评者也承认："公开禁止现金还从来没有被讨论过。"

与之相反，政治家和中央银行的银行家申明，他们并不准备废除现金。瑞士国家银行现金主管贝亚特·格霍森巴赫（Beat Grossenbacher）说，瑞士并没有废除现金的计划："民众应能自己自由决定他们的支付方式。"德意志联邦银行董事会成员约阿希姆·乌姆林（Joachim Wuermeling）申明："政府绝对没有要压制现金的意图。"

如今，一些机构已有的限制大额现金支付的尝试，针对的是典型的犯罪行为。欧洲央行现在已经不再发行500欧元面值的纸币，为的就是遏制恐怖主义和灰色经济。在数十年来逃税成风的国家里，比如在希腊，人们付现的上限是500欧元，在法国是1000欧元，在西班牙是2500欧元，在意大利则是3000欧元。这个上限还应该被进一步降低。

像德国这样规则宽松的国家，被指责针对打击犯罪分子的措施做得太少了。德国现在已经是欧洲的洗钱中心，据估计，犯罪分子每年在这里的洗钱行为涉及1000亿欧元，其中有30%是通过不动产——在德国，人们可以使用现金购买不动产，而这在意大利和法国是被禁止的。

这种禁令是正确的。哪个诚实的公民会使用现金购买不动产？对于那些不需要隐瞒任何事情的人来说，拖着几十万欧元现金是非常不方便和危险的。谁这样做，就一定有隐瞒事实的嫌疑，他想洗钱或逃税，或者两者皆有。不管怎么样，人们都不应该包庇这类行为。

批评者声称，限制现金就是往禁止现金的方向发展。这个理论看起来过激了。欧盟大多数民众只会用现金支付200欧元以下的账单，限制现金的呼声让意大利黑手党无法用贩毒得来的现金购买不动产；在德国的珠宝店，进行1万欧元的现金支付时必须复印证件，这又会对一般民众造成多大的妨碍呢？

《南德意志报》的一位同事在不久前发现了谁会在取消现金上限一事中获益——他寻找真正受到现金上限限制的经济行业，最后只发现了一家二手车交易商。来自东欧和巴尔干地区的买家用3万欧元的现金支付二手车的费用。国家是否应该为了二手车交易，就此放弃打击毒品交易和洗钱犯罪？当国家禁止来自巴尔干的一捆捆现钞时，是否就是在打击犯罪？

设置现金支付上限是有意义的，但人们也不必为此废除现金。正如肯·罗格夫所想的，终止使用现金的措施是对付非法行为的灵丹妙药，但恐怖分子和犯罪分子会寻找其他途径。他们也可以使用比特币等加密货币（参见第十一章"数字货币正在攻击美元和欧元"）。

公民的权利

设置现金交易上限是有意义的。长久以来，欧洲央行都被怀疑想要废除现金，但它却监管着欧洲国家在这个方向上不要走得太远。根据《欧盟条约》第128条，废除硬币和现金的行为是不合法的。到目前为止，欧盟看上去最过激的行为就是计划取消1欧分和2欧分，反正在芬兰、比利时、爱尔兰和荷兰已经没有1欧分或2欧分了，或者说已经不再使用1欧分或2欧分了——但这些地方并没有废除现金。废除这些小面值的硬币有一个好处，超市因此必须得停止愚蠢的诱惑性标价——标价7.99欧元的商品看起来就好像不是8欧元，而是7欧元。如果排在前面的顾客不再需要从钱包里翻出24.67欧元或17.93欧元，那么收银台的队伍也会走得快一些。现在，人们会将80%的小面值硬币留在家中，因为扛着它们出门实在是太累了。

所有这些情况都教会我们：即使国家有充分的理由来限制现金，它还是不会马上废除现金的。公民可以毫无顾虑地相信这一点，他们应该花费更多的精力去对付那些想废除硬币和纸币、以便让自己利益最大化的公司。

如果公民批评排挤现金的行为，那他们会成功。奥地利政党曾在议会中简短而明确地解释，他们会保留硬币和纸币。自从英国爆发有关无处可取现金的激烈讨论以来，银行就一直在为增加更多的自动取款机业务而提供补贴。在纽约、旧金山和费城等美国城市，人民的意愿推动了一项政策的颁布，即禁止餐厅和商店提出非现金支付的要求，数字公司甚至也承受了压力——顾客如今在Amazon Go的门店里可以使用现金支付。这些都是值得注意的成果。

公民应该继续对此事施加压力，因为数字公司想废除硬币和纸币的意愿是非常强烈的。它们的意愿威胁到我们拥有现金的权利，而这关乎根本性的原则——人们应该按照自己的意愿来选择付款方式。

为现金而战的人将在历史上留下名字。到现在为止，有两个时期是钱币被广泛应用的时期：希腊和罗马的古典时期，以及中世纪后1500年开始的现代。在这两个时期，对市场经济及社会繁荣来说必不可少的个人财产权也得到了推广。

现在，反对现金的人呼吁开启一个全新的、没有钱币的时代。除了数字公司，呼吁者还包括一些世界改革者。也许我们应该记住世界历史中另外两个远离钱币的时期——长达千年的远古时代和中世纪。在中世纪，人们是用女仆或松鼠皮来算账的。这两个阶段的特点是，大众臣服于封建统治者之下。数字公司尽管披着全球数字化巨头的外衣，但是实际上是封建统治者的回归，这看起来有多吸引人呢？

05

储户的噩梦：
没有利息的世界

乔治·西姆贝克（Georg Simbeck）就职的银行分行位于慕尼黑玛利亚广场，就在拥有著名的音乐报时钟的市政厅旁边，每年都有数百万来自美国、中国、意大利、英国、瑞士和奥地利的游客涌到这里。一些人会在西姆贝克工作的银行里取钱，但是"钱"的概念已经完全变了，不管是在这个银行取的钱，还是游客账户里的钱，抑或全世界的钱。

相比乔治·西姆贝克在曾经的职业生涯中接触到的钱，现在，钱已经发生了极大的变化，并且这个变化已经持续很久了。当他1975年在城市储蓄银行开始他的职业生涯时，男人们留着连鬓胡须，女人们戴着大太阳眼镜，10年期美国国债利率为8%——购入1000美元国债，到年底这笔钱就变成了让人满意的1080美元，然后变成1160美元，依此继续增长。这在美国、英国、瑞士和德国都是很正常的现象，并且之后的几十年也一直是这样的。后来连鬓胡须和大眼镜消失了，但高利率没有消失。那会儿国债的利率还有6%或者只有4%，但在意大利有14%。

今天，如果谁还采用这种传统的方式来理财，他将几乎一无所获，不管是在乔治·西姆贝克的银行分行或是其他银行的账户。近10年来，中央银行已经将主导利率降至接近0或者更低，1000美元到年底还是1000美元，购买了德国国债或瑞士国债的人，甚至还会出现亏损。

现在，利率也消失了。这就是我们认识到的货币的消失。

德国人被教育要储蓄，在其他国家也如此

对利率的攻击让很多人的世界观被颠覆了。过去，将自己的钱存在没有风险的储蓄账户里而非花掉的人能够收获利息；有借贷的人则支付利息。但现在，储蓄不会有回报，甚至要负债；借钱的人却几乎不需要付任何利息了。这就像人们过马路遇到红灯时突然被允许通行，但是在遇到绿灯时则必须要停下来，这也让来到玛利亚广场的很多游客的世界观发生了颠覆性的改变，同样，西姆贝克自己的世界观也被改变了。

1975年，像西姆贝克这样的银行职员会在小学开学时来到一年级的班级里，分发蓝色、黄色或红色的存钱罐，孩子们会把自己的硬币和纸币存进去。在"世界勤俭日"，这些小学生会和奶奶、爷爷或父母一起到银行存钱。银行里挂满了气球，他们还可

以获得礼物。乔治·西姆贝克说："人们就是这样被教育要储蓄的。"当他自己还是个孩子时，有时候，会有储蓄银行的职员来到他的班级收存款，如果旁边的同学存的钱比自己的多，那他就会感觉到羞愧。

整个德国的人都是这样或以类似方式被教育要储蓄。美国、日本、意大利、英国、瑞士和奥地利等27个国家，于1924年在米兰发起了世界勤俭日的倡议。当然，该教育持续了下来。德国人在17世纪时就被外国观察者定义为对钱感兴趣的民族，在早期基督教阶段，人们拿利息的行为被视为有罪，但大约在1900年，1/3的德国人已经有存折了，收利息也变成了一件让人高兴的事情。

历史学家维尔纳·阿贝尔斯豪塞（Werner Abelshauser）这样描述这种态度："人们不花钱，这是一件不好的事情。"阿贝尔斯豪塞自己就是个爱存钱的人，他在德国比勒菲尔德有一幢房子，在柏林有一套公寓，他谈到自己时说："我更爱吃豆子汤而不是鹅肝。"人们用陶瓷猪存钱罐进行着特别的教育，因为必须用锤子敲破存钱罐，才可以把钱拿出来花，这种做法是不体面的。

这种道德性的深层印记却与如今的储蓄受罚、借贷被奖赏的事实相违背，这就像是在攻击民众已经习以为常的利率，这是货币系统的一种异常状态。奥地利财政部部长格诺特·布吕梅尔（Gernot Blümel）斥责道："钱越来越不值钱，这对储户来说是场灾难。"

乔治·西姆贝克的银行不再为世界勤俭日特别地做些什么了，

他们不再挂气球，只有少数儿童还会带着存钱罐过来。

零利率让几百万人的生活发生了翻天覆地的变化。零利率侵蚀着人们的养老金，这带来了愤怒与沮丧，让公民对政治家产生怀疑，也对整个社会秩序产生了怀疑。经历了10年的低利率期后，一些人感觉自己就像5000年前的苏美尔人，没有赚够舍克勒银币，以至于让自己的孩子成了奴隶。接下来，我们将会细致地探讨零利率的来历，美联储和欧洲央行这样的中央银行在其中参与了多少，以及储户要怎么应对才能拯救自己的钱财。

首先必须说明的是，工业化国家的数百万储户败给了幻想。他们把现在的零利率与前几十年的4%、6%、8%的利率相比较，但却无视了一件事：名义利率根本不能决定人们的钱最终拥有多少实际购买力；真实的利率，也就是名义利率去掉让钱贬值的通货膨胀率，却能决定。今天的通货膨胀率一般在2%以下，过去的通货膨胀率却高得多。过去，高的名义利率带给人们的实际收益其实比他们想象的要少。如今的利率与过去相比的差异，也比人们认为的要小。

经济学家彼得·博芬格（Peter Bofinger）通过德意志联邦银行的数据计算出，1967—1998年的30余年间，德国储蓄账户平均每年产生的真实利率为0。这让人怀疑公民储蓄的意义。为了避免过去和现在的零利率灾难，人们必须用其他方式去投资自己的资产，否则他们真的只能喝豆子汤了（参见第七章"储户如何规避利息下降，以及为何这会有利于民主"）。

事实是，很多储户对零利率有很大的怨气。据乔治·西姆贝克观察，这一方面是因为他们没有考虑到通货膨胀带来的损失，错误地看待了过去的高名义利率。"10个人里面只有一个人知道真正产生了多少收益。"他们败给了幻想。这还不止，同时发生的情况还有，真实的利率在通货膨胀后比之前有所降低。1967—1998年，德国储蓄账户实际产生的收益为零，2012—2019年的8年里，真实利率甚至是–0.7%。这与之前没有很大差别，但是又有些不一样。

赢家与输家

大多数储户即使对储蓄进行了更有意义的投资，也没有逃过零利率困局。现在，乔治·西姆贝克更多地将客户分为赢家和输家，输家就是那些将储蓄和活期存款都固定投资在利率产品的人；赢家则是那些购买了股票或公寓的人，但这类人还是少数。西姆贝克的客户中只有10%持有股票，大多数人还是输家。

整个国家都是这样的情况。有40%的美国人持有股票或者股票型基金，相比之下，只有10%~20%的法国人、瑞士人、丹麦人、奥地利人或德国人持有股票。即使经济学家证明，虽然股市偶尔会发生崩溃，但是股票和不动产几十年来的平均收益很高。即便股票和不动产拥有长期优势，但和其他国家一样，奥地利人还是习惯把财富放在储蓄账户里。奥地利财政部部长布吕梅尔抱怨道："持续性的低利率会让钱不断贬值。"这是货币系统的一种异常状态。

在几乎所有的工业化国家里，10年期国债实际利率已经降至0以下——也就是说持有国债还需要付费。在法国、比利时和荷兰，活期储蓄账户的名义利率为0.01%~0.02%，把通货膨胀算进去后，实际还需要付出更多费用。在过去的10年里，每个德国储户在储蓄账户、保险或者类似产品里的利息平均损失为1.1万欧元。这是很大一笔钱，因为大多数居民拥有的财富不超过1万欧元。货币经济学家吉姆·比安科（Jim Bianco）说道："美国投资者最常提出的问题是：我可以在哪里获得利息收益。对所有希望回到过去的人来说，这是一个坏消息。"国民经济学家尤尔根·米歇尔斯（Jürgen Michels）说道："我们看到低利率会是大趋势，低利率带来的经济和社会方面的后果，可能会继续伴随我们数十年。"

低利率动摇了很多民众对货币系统的信任，这是件很棘手的事情。在货币数千年的历史中，它首先是基于信任而存在。如果有人像500年前腓特烈三世摄政时对钱币进行操控，造成恶性通货膨胀，那就会让社会陷入更大的危险。金币被没有材料价值的纸币所替代，而且纸币得以流通，是因为人们对中央银行的信任。信任变得更加重要。

当我2013年在玛利亚广场乔治·西姆贝克的分行第一次遇到他时，欧洲央行刚刚将主导利率降至接近0的水平。一位很多年的老客户给他打电话，开玩笑似的问时任银行主管的西姆贝克，如果自己把钱交托给银行，是否很快就要因此而付费了。

当我 2020 年再次见到西姆贝克时，当时的玩笑话早已经成真。德国、荷兰、瑞士的大量银行要求他们的客户支付"罚息"。如果储户及早采取行动，那么大部分人是可以避免这种情况发生的。这种"罚息"的存在对于传统储蓄道德而言无异末日：把钱存到银行的人都必须要付费了吗？

银行将这种"罚息"称为托管费。出于担心，很多国家的民众比如瑞士和奥地利的民众，将现金藏了起来。在德国，如今每个人平均在家中藏有 3000 欧元，即使专业人士警告：这会引来小偷，存在家里的钱也不能增值。

自我 2013 年拜访西姆贝克之后，他的客户就不再问询有关利率的事情了。这也显示了货币系统现在的状态有多特殊，以及这种特殊状态已经延续了很久。这样的状态持续时间越长，储户就会越痛苦，直到痛入骨髓。2020 年新冠肺炎疫情暴发以来，储户更加重视这个问题了。对职位可能不保的担心，短时工作带来的损失，股市的震荡，所有这些都让他们对经济没有了把握，零利率在这个时候就更加让人感到苦恼了。

晚年时的贫困

长期的影响是最具威胁性的。当我 2013 年遇见西姆贝克时，聊了几分钟他就从椅子上起来离开了。等他再回来的时候，手上挥舞着一张纸，上面还隐约可见红色柱状图，这些柱状图展示了长寿和低出生率在很多工业化国家中对养老金体系的影响有多深。"二战"结束后，在德国，每6个工作的人负担1个领取养老金的人。很快，将变成每2个工作的人负担1个领取养老金的人。

当一位40岁拿平均薪水的人将来退休时，他拿到的钱比他的工资少很多，红色柱状图显示，那将是每个月800欧元。因此，存钱少的人就会变穷。但是零利率正在破坏预备性的储蓄，西姆贝克2013年就说："养老金会在15年内成为最大的问题。"

那已经是几年前的事了。零利率多年来已经消耗了工业化国家亿万人口的储蓄金，这种情况越严重，就有越多的基于利息的产品出现。德国人的资产有整整1/3都投资在了人寿保险公司、养老工程和养老基金里，这些都是利率产品的主要投资项目。

德国大众银行主席玛丽亚·克拉克（Marija Kolak）警告说："很多客户的养老金正在失去价值。长远来看，这会造成严重的晚年贫穷，人们潜在的失望正在加剧。我们认为，中央银行的低利率政策还会持续至少5年。"美国《金融时报》分析，低利率正在摧毁美国的养老制度，因为公司和养老基金减少了对退休人员的支出。长期以来担任奥地利第一储蓄银行负责人的安德烈亚斯·特雷希尔（Andreas Treichl）表示，接下来会出现在结束职业生涯后面临贫困威胁的一代人，"我们必须致力于完善养老金制度。一种可能的方式就是股票"。

当我 2020 年再次见到乔治·西姆贝克时，他打开了自己的抽屉——他把有关通过投资不动产和股票来积累养老储蓄金的资料都放在了里面。德国大城市的房产价格在过去 10 年里翻了一番，普通股则增长得更多，这可以让储户们从中获益。有些客户用他们的钱进行了不同方式的投资，西姆贝克可以以此来说服客户。大多数工业化国家的人还是通过低利率的产品来为养老做准备，但他们却没有攒下多少钱。很清楚的是：富人更加容易摆脱低利率带来的影响，因为他们拥有足够的钱去购买公寓，并熬过新冠肺炎疫情等特殊情况时的股市大跌。

这样看来，零利率本质上加剧了不平等现象。

对欧洲央行、美联储及其同伙的愤怒

工业化国家公民的愤怒直指政府，首当其冲的就是降低了主导利率并激化了问题的中央银行。特别是在欧盟地区，欧洲央行在过去一些年里特别激进。德国储蓄银行主席赫尔穆特·施莱维斯（Helmut Schleweis）指责欧洲央行让数百万人的生活变得糟糕。保守派也提出了严厉的批评，如奥地利财政部部长格诺特·布吕梅尔、欧洲央行前首席经济学家奥特马·伊辛或是瑞士央行的布鲁诺·格里格（Bruno Gehrig），都将欧洲央行行长克里斯蒂娜·拉加德（Christine Lagarde）的话称为"绝对的错误估计"。瑞士银行家批评自己国家的中央银行，而 61% 的德国人拒绝如今的货币政策。《费加罗报》的尼古拉·巴维莱兹警告，用无限的无偿资金来谋事，会造成泡沫经济。这位作者认为，零利率是经济停滞、中产阶级贫困和民粹主义出现的主要原因，"它像冲击波一样席卷着整个大陆，威胁着民主"。

长期以来，右翼民粹主义者、崩溃论者和街头小报媒体为了他们各自的目的，扭曲了客观上值得讨论的批评。德国最畅销的小报《图片报》将曾长期担任欧洲央行行长的马里奥·德拉吉（Mario Draghi）的形象和吸血鬼的牙齿组合在一起放在头版："德拉吉伯爵就是这样吸干我们的银行账户的。"意大利极右派北方联盟党（Lega）领袖马蒂奥·萨尔维尼（Matteo Salvini）斥责意大利中央银行担任了副总理的角色。所有这些都给人们留下了深刻的印象。《华尔街日报》分析说："欧洲的选民，从柏林到罗马，簇拥在攻击欧洲央行的民粹主义者后面。"同样在美国，民粹主义者也在抢夺中央银行的话语权。美国前总统唐纳德·特朗普常常批判美联储是完全错误的。

如果接下来就产生零利率困局的原因进行剖析，那无非就是关于民主的未来。低利率到底从何而来？中央银行扮演着什么角色？在新冠肺炎疫情的冲击下，所有这些将如何继续？

这还关乎工业化国家中亿万储户的处境，及他们应该如何改善现在的情况。所有可被理解的愤怒都是这样产生的，因为储户将自己的经济状况与储蓄性产品牢牢捆绑，他们不是近几年才流失钱财，而是几十年来都是如此。首当其冲的是保守的投资者，像法国人、瑞士人、丹麦人、奥地利人和德国人。德意志联邦银行行长延斯·魏德曼（Jens Weidmann）被人们视为对欧洲央行某些行为的批评者，他说："20世纪70年代至21世纪，短期储蓄投资的实际利率为负。"

一种计算结果是，每个德国储户于过去10年间，在传统储蓄产品上损失的利息为1.1万欧元，所有人的损失加起来总计6500亿欧元。与之相对的，另一种计算结果显示，德国主要城市的房地产价格翻了一番，普通股的增长则超过了这一水平。一些已经将钱进行了不同方式投资的储户，也投资了房地产和股市。但是，当欧洲央行在2013年将利率降低至接近0时，工业化国家中的大多数储户还是完全按照历史学家维尔纳·阿贝尔斯豪塞预言的那样："储户会被困住的货币账户及所蒙受的损失气得咬牙切齿。"他们能怎样改变这样的处境呢？本书第七章将做说明。

06

金融危机、老龄化和滞涨：
是什么将利息长时间按在低位

2008年金融危机之后不久，英国历史学家尼尔·弗格森和德国经济学家莫里茨·舒拉里克一起定义了一个新概念：中美国（Chimerika）——当今世界的超级大国中国和美国的共生体。按照弗格森和舒拉里克的说法，两国是"天作之合"（eine himmlische Ehe）：中国出口，美国消费；中国储蓄丰厚，因此美国可以以较低的利率进行借债。两国经济都欣欣向荣。虽然领土面积仅仅占全球的10%，但是在金融危机发生前的十年里，两国的经济增长加起来占全球经济增长的一半。它们的繁荣是史无前例的。

然而，美国借用大量廉价资金的行为也埋下了灾难的种子——这助长了在美国的金融投机，金融投机又引发了金融危机，并将全球经济推向了深渊。

美国、德国和日本：利息长期以来普遍下降

尼尔·弗格森和当时才33岁的莫里茨·舒拉里克这两位针砭时弊者，都拥有国际视野。当我在波恩一家名称无比老土的叫作"奶油白"（Sahneweiß）的咖啡馆见到舒拉里克时，他恰恰是拿国际视野来批驳那些来自美国、意大利或德国的失望的储户的国家视野的，这正是从根本上理解低利率所必需的视角。因为认为中央银行应该为低利率负主要责任的观点，不过是一种错觉，假如人们分析过去数十年的社会和经济形势的话，就能发现，其他因素对利率的影响更重要。舒拉里克分析称："中央银行的确压低了利率，但是低利率已经成了一种全球性的现象。即使是在中央银行不直接施加影响的市场里，利率也下跌了。"并且早在欧洲央行开始实施宽松的货币政策之前，利率在工业化国家已经普遍跌到了历史低位。

储户们高估了中央银行的权力。世界上发生了那么多事情，这些货币守护者都是受驱使的一方，金融市场就是那匹牵制他们的马。尼尔·欧文（Neil Irwin）在《纽约时报》上撰文论证："中央银行只是试图将其货币政策与现实适应。储蓄过剩、社会老龄化、生产力趋弱，这些因素在持续压制经济增长和通货膨胀。"德意志银行前首席经济学家托马斯·迈耶（Thomas Mayer）问道：利率是自然消亡还是被消灭？这位前首席经济学家将责任归咎到了中央银行这个罪魁祸首身上。不过他得承认，大部分经济学家对

这个问题有不同的看法，其他人主要看低利率的其他原因，即我们这个时代强劲的经济和社会趋势：金融危机之后的不确定性、老龄化、不平等、经济停滞、数字化和全球化。

资产避险

第一大压低利率的趋势发生时间并不远：它涉及的是2008年金融危机引发的不确定性。全世界范围的人都在担心失去他们的储蓄。时任德国财政部部长的佩尔·施泰因布吕克（Peer Steinbrück）描述了当时的深渊有多深，以及恐慌是如何生长起来的。施泰因布吕克和德国总理默克尔（Angela Merkel）出现在镜头前，身后是柏林的议会大厦，他们郑重承诺："我们要告诉储户的

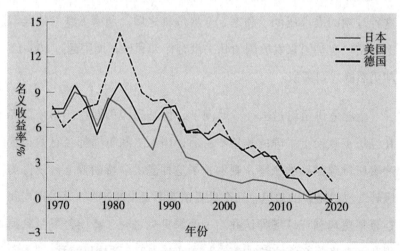

图6-1　10年期国债的名义收益率正跌入负数

数据来源：股市数据

是，你们的银行资产是安全的。"但是，这项历史性的保证不过是一种虚张声势的欺骗而已。

如果所有人都去银行，要取他们的储蓄金，那么国家不可能那么快地把钱全部交还给他们。为了安抚人心，这种虚张声势是必要的，否则整个金融系统就会像20世纪30年代那样崩溃，深渊将深不见底。"在一个人的政治生涯中，往往会来到某个点，不得已但必须得做些这样的事情。"之后在谈到这个时刻时，施泰因布吕克如此说道。

金融危机的冲击之后，在全世界范围内，人们都将资金投到储蓄类产品等没有波动的资产中去了。在欧洲，这种情况因为欧元危机而更加突出。私人储户、保险类投资或退休基金等，至今仍旧偏好购买美国或德国等信誉度高、资金更安全的国家的国债。这种过剩的需求压低了利率，金融危机之后，利率下跌的情况雪上加霜。有些国家发放国债几乎没有什么利息，期限超过100年，却仍然能找到买家。

金融危机虽然过去一段时间了，但是恐慌仍然在。当今世界在经历了政治上平静的几年岁月后，国家之间每周都会有的相互冲突所导致的新的摩擦，则助长了这种恐惧。特朗普上台使得美国转变成侵略者的角色，让全世界惴惴不安。2020年1月，正当我在慕尼黑玛利亚广场拜访乔治·西姆贝克之时，特朗普下令除掉伊朗军事将领苏莱曼尼（Ghassem Suleimani）。西姆贝克称："人们担心特朗普会发动一场战争。"特朗普针对半个世界所发动的贸易战，以及英国的脱欧等带有直接经济后果的事件，也助长了不确定性，这种不确定性导致客户在金融投资中一再想拥有额外的安全保证。资产管理专家安德烈亚斯·恩克（Andreas Enke）分析称："他们的恐惧太大了。"令人悲伤的一点是：被失望的劳动者和储户的愤怒裹挟送上政治舞台的美国前总统特朗普和英国首相约翰逊等民粹主义者，正在制造更多的不确定性。

仅仅在德国，就有2.4万亿欧元的钱被放在往来账户和活期存款账户中。在欧元区推行负利率之时，它们因此比2014年时增加了5000亿欧元。同样的景象在其他国家也出现了。美国投资者吉姆·比安科（Jim Bianco）报告称："由于想将资产转移到安全区域，投资者购买的负利率债券数额在2019年达到了14万亿美元，规模翻了一番。"

世界经济在新冠肺炎疫情期间跌入谷底，但这种趋势还将加剧。经济的损失、担心失去工作或者有工作损失——所有这一切都让储户寻求一个"安全港"。储户在储蓄产品和国债中找到了安全港，但是那不过是虚假的安全，因为对储蓄产品的需求过剩导致利率被压低，因此储户的储蓄金事实上是在萎缩的。基金经理克里斯托夫·布伦斯（Christoph Bruns）警告称，所谓的"安全港"就像乔治·奥威尔的反乌托邦小说《1984》里的语言创作那样具有误导性，"正如《1984》中的'友爱部'事实上是臭名昭著的镇压机器一样，所谓的'安全港'最终可能被证明是财富坟墓"。

老龄化浪潮

因此，是储户自己通过其对储蓄产品的过剩需求压低着利率——并且无意中激化了他们所抱怨的糟糕处境。不仅是寻求安全的资产庇护引发了这种机制，原因也包括其他的过剩需求：人们储蓄越来越多，因为他们在退休金水平越来越低的情况下，必须为更长久的生命做好谋划。与19世纪末相比，今天西方人的寿命增加了一倍；同时，新生儿数量是1950年的一半。西方社会在老龄化且在萎缩。欧洲央行首席经济学家、爱尔兰人菲利普·连恩（Philipp Lane）估计，这是1980年以来就出现的趋势，这种趋势从那时起就一直在压低利率。

人口年龄越来越大，但是他们并不能相应地延长工龄。在许多工业化国家，退休年限已经翻倍增加了20年。经济学家哈根·克莱默分析称："他们因此需要养老金的时间更长，但是法定的养老金更加不确定。因此相比于之前，他们储蓄得更多，这从他们对人寿保险公司的要求中可见一斑。"

由于劳动人口越来越少，需要供养的老年人则越来越多，因此养老金相比薪金在下降。那么要想在老年时维持生活水平，就必须要储蓄更多。这种储蓄过剩在压低利率，而低利率反而接着让额外的储蓄变得必要，因为用来防备老年生活的储蓄产品的利息变少了。菲利普·连恩估计，1980—2050年，仅仅老龄化一个

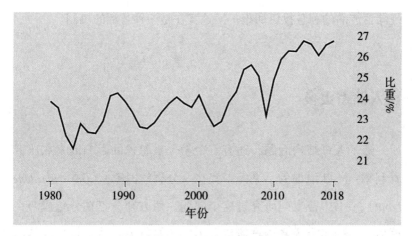

图 6-2　全球性储蓄过剩，储蓄在世界国内生产总值中的比重

数据来源：国际货币基金组织

因素，将会压低美国和欧洲的实际利率 1～2 个百分点。

这项估计显示，人口结构问题在未来才会对利率形成完整的影响。当其他经济学家还在怀疑老龄化的影响时，时任美联储主席的本·伯南克（Ben Bernanke）就对此有不同看法。那时，他就提出了"储蓄过剩"这个概念——主要指在亚洲，尤其是在日本和中国出现的急剧攀升的收入及急剧老龄化的人口所导致的现象。而举目全球，没有哪个国家比德国储蓄得更多了。德国经济研究所所长马塞尔·弗拉茨彻（Marcel Fratzscher）对此分析认为："（德国）每年的纯储蓄额高达 2400 亿欧元。由于这种对储蓄的高度需求，利率在下降。"全球范围内，进入 21 世纪以来，储蓄的增长比经济的增长更强劲，储蓄额度每年超过 20 万亿美元。

储户原本通过储蓄来为其老年生活提前做防备，却毁掉了传统储蓄产品的利息投资回报——这实在是一种苦涩的机制。

富人储蓄更多

除了人口结构问题，还有一个至今被忽视的影响因素在压低着利率：不断增加的不平等。我在《分裂的国家》（*Das gespaltene Land*）一书中曾专门研究过这个问题。西方社会正在分化成两大群体，一边是穷人和中产阶级，另一边是富人。一个典型的英国公司老板在任何一年的 1 月 5 日挣的钱和一个典型的工人一整年的收入相当。在奥地利和德国，财富的分配尤其不平等。新自由主义针对富人和企业的降税举措，普遍加大了不平等的鸿沟：在美国，最富有的人向税务局缴纳的税款比任何其他群体都要少。不平等让广大民众失望，他们进而倾向支持特朗普、约翰逊或者德国选择党（AfD）等右翼民粹分子。

相比以前，国民经济所生产的财富更多地流进了少数人的口袋，这些有钱人储蓄得更多。人们可以语带嘲讽地说：即使购买了纽约的复式公寓、里埃维拉①的别墅和私人飞机，他们还有很多的钱。而对于穷人和中产阶级而言，工资都用在了租房、吃饭和其他日常花销上面了。较为贫穷的一半美国人压根就没有什么储蓄，三分之一的德国人也是如此。

---

① 里埃维拉是位于法国和意大利边境地区的海滨度假区。——译者注

由于利润攀升，相比之前，企业储蓄得也更多了。国际货币基金组织通过对近50个国家超过25年的研究，证实了这一点。企业储蓄部分隐藏在私人储蓄之中。当一个企业是家族企业时，其储蓄实际上就属于这个家族——恰恰在德国，家族企业分布广泛。经济学家们质疑德国经济模式，而这种模式曾被视为在希腊等危机国家实施痛苦的紧缩政策的榜样。根据国际货币基金组织的研究，并非所有德国人都能平等地从德国高额的外贸出口盈余中受益，主要受益者是企业所有者，这就增加了德国社会中的不平等，并且因此而出现了经济增长降低的趋势。假如广大老百姓挣得更多的话，他们（和富人不同）就会消费得更多，并因此带动经济发展。

通货膨胀的终结

人们因为资产避险、老龄化和不平等等原因通过传统利率产品储蓄了那么多，假如经济将这种储蓄全部作为信贷吸收了的话，利率将不会减少。但是企业却不需要更多的贷款，而是更少。储蓄攀升，对储蓄的需求却下降，因此这些储蓄产品的价格就被迫下降，也就是利率下降。几十年来，这种趋势也在发生作用。

但是为什么企业需要的钱更少了？其原因可追溯到过去几个世纪的大环境。

美国经济学家罗伯特·戈登（Robert Gordon）分析称，1750

年之前，事实上是没有什么经济增长的。从19世纪开始，机器的出现使得经济开始爆发性地增长，而这通过农民满是老茧的双手是无法实现的。德国历史学家海因里希·奥古斯特·温克勒写道："在世界历史中，像第一次工业革命那样具有深远影响的变革可能只有一个：即大约1万年前，人类从狩猎文明过渡到从事农耕的定居社会。"

很快，人口数量和人类的预期寿命都迅速增加，进而出现双重效应：越来越多的人工作时间变得更长，他们的工作也变得更有效率了，因为他们接受了教育。仅仅是英国国内生产总值，在1740—1840年之间的增长就超过了4倍。机械化、电气化和批量生产不断地给经济增长带来新的动力。"二战"之后经济重建和大众消费激起了一场经济奇迹，工业化国家的经济有了超过150年的迅猛扩张，但是其增长的影响效应随着时间的推移逐渐减小。

今天每个西方家庭都至少拥有一台冰箱、一辆汽车和一台电视机，相比这些产品刚刚出现的时期，他们购买这些产品的可能性因此变得更小。无论是受教育水平还是预期寿命都不再像从农业社会过渡到工业社会时那样继续扩张了，无论是服务业还是数字化，都不再像以前的机械化和批量生产那样能够刺激经济发展。从20世纪70年代石油危机导致大规模失业出现以来，这种情况就叫作经济停滞。

在2020年新冠肺炎疫情危机之前，德国经济有大约10年的平稳增长，这已经被视作是繁荣了。但是这次繁荣时期带来的增长远远低于经济高速发展时期的增长。西方成熟经济体的投资比过去少，因此不再需要提供那么高的利率来吸引储蓄。经济停滞与低利率相伴出现。

企业之所以也不怎么需要储蓄，是因为经济本身发生了变化——服务业从业者相比制造业而言，投资得更少。以前谁要想发财，就得开工厂，而今天，"工厂主"这个词所散发出来的都是过时的气息。今天谁要是想挣钱并和投资者打得火热，就要坐到计算机前去设计应用程序。

相比以往，数字化颠覆正在更快地扼杀整个行业，无论是百科全书出版商、音像商店还是相机制造商，均在劫难逃。硬件已经过时了。越来越多的产品是以非物质化的形式被生产出来的：谷歌替代了百科全书，Apple Music 替代了 CD 光盘，脸书替代了信件，网飞（Netflix）替代了录像带。大众汽车公司每生产一辆新的汽车，都要投入新的材料，而谷歌、苹果和脸书公司却几乎不用为其每一个新的用户投入什么成本，这也解释了为什么它们会有巨额的利润。

结构性的变化也包括了通货膨胀，随之而来的是名义利率——许多储户错误地将其作为指标，其实只有通货膨胀后实际保留下来的东西才重要。其中的原因在于，企业在没有大的增长的前提下更加难以更高的价格售卖产品，也更难为工人提供更高的工资。另外，全球化也进一步遏制着通货膨胀。自从西方的企业和工人与亚洲的企业和工人展开竞争以来，后者低廉的工资和价格减缓了西方经济体的崛起。因此，工业化国家的通货膨胀从20世纪80年代的8%～14%跌到了21世纪初的2%。新冠肺炎疫情强化了对利率的压力，历史告诉我们，伴随着糟糕的疫情而来的，往往是长时期的低利率。这一点将疫情与战争区别开来。战争毁灭工厂、机器和房屋，在战争之后需要的是更高的利率以吸引资金投入重建；新冠肺炎病毒所摧毁的是人们的生活而非工厂。自从疫情暴发以来，更多的人居家办公，这推进了数字化进程——而正是数字化进程在压低利率。另外，中央银行有必要将利率保持在低位以刺激衰退之后的经济复苏。《纽约时报》就警告美国储户，因为美联储计划至少在2022年前将短期主导利率保持在接近零的水平，因此美国储户从其存款中很可能捞不到什么收益。在欧洲，情况如出一辙。

主要发展路线已经被勾勒出了清晰的图景。几十年来，诸多强劲的因素至少和颇具争议性的中央银行一道，共同引导利率下行：无论是资产避险、老龄化、不平等、经济停滞、数字化、全球化，或最后的新冠肺炎疫情等，都在这个方面大显神威。利率不受中央银行货币政策的影响，从20世纪80年代的3.7%下降到了今天的0.5%。

美国耶鲁大学管理学院的保罗·施梅尔辛（Paul Schmelzing）甚至发现了一个数百年之久的趋势。按照他的说法，自从15世纪现代资本主义诞生以来，实际利率就在持续不断地下降——从当时的近15%降到今天的水平。经济学家哈根·克莱默预测："接下来几十年，我们将不得不和低利率共存。即使是在瑞士、英国或美国，现在的利率也已处于低位或处于负利率的水平。这已经是一个世界范围内的现象了。"

主要的经济发展脉络显示，工业化国家中的数百万传统储户必须要在长时期内适应低利率。

中央银行无论做什么都无济于事。同时，正是这些储户在不知不觉中一起参与制造了低利率的事实：他们通过资产避险；利用利率产品为老龄化做准备；在投票箱边无所作为，导致富人储蓄过剩的社会分裂现象。这一切都在压低利率。如果将通货膨胀考虑在内，即使在零利率时代之前，他们的传统储蓄产品也收益甚微。

所有这一切都表明，储户必须奋起反抗，最终摆脱落在他们头上的命运。如何做到这一点，将是下一章所要谈及的主题。

07

**储户如何规避利息下降，
以及为何这会有利于民主**

美第奇家族富甲一方之时，曾资助佛罗伦萨地区艺术和建筑的发展，这些艺术品至今全球知名。美第奇家族资助了米开朗琪罗（Michelangelo）、布鲁内莱斯基（Brunelleschi）、波提切利（Botticelli）和达·芬奇（Leonado da Vinci）。他们支持建造了乌菲齐美术馆，修建了当时世界最大的教堂——米兰大教堂。很少有一个家族像文艺复兴时期的美第奇家族那样，给整个时代打下自己的烙印。为了变得富有，美第奇家族首先要从他们之前的豪门贵族的命运中，学习兴衰之道。

美第奇家族之前，在14世纪的佛罗伦萨地区，富甲一方的家族分别是巴尔迪（Bardi）、佩鲁齐（Peruzzi）和阿恰约利（Acciai-uoli）等银行家族。他们发放信贷的范围远远超出了意大利北部地区，服务对象包括那不勒斯王国的国王罗伯特，以及英格兰国王爱德华三世。当那不勒斯国王罗伯特和爱德华三世中断其付款时，巴尔迪、佩鲁齐和阿恰约利家族都走向了破产。这些烜赫一时的家族栽在了这些单个债务人手里。

美第奇家族从这些家族的兴亡中汲取了教训，并从中学到了资产配置多元化的策略。他们将其业务划分给不同的伙伴，由他们为其经营管理。这样，某个债务人的破产，不至于导致整个美第奇家族的破产。美第奇家族所提供的经验，在几个世纪之后仍然是大银行的经营制胜之道：无现金支付，开设国外分支机构，与远距离的国家建立业务往来。

作为储户，谁要还是将宝押在传统储蓄产品上的话，就会落得像巴尔迪、佩鲁齐和阿恰约利家族那样的下场。从美第奇家族和之后无数的投资者那里，人们应该学到，将资金广泛地投资进不同领域——多元化投资，能够带来多大的好处。储户抵御针对利率的全球攻击的最佳应对策略，就是手握更好的投资配置方案。

锅中的青蛙

2013年，我首次拜访乔治·西姆贝克时，他几乎已经无法向在他那里存款的客户提供什么利息了。储蓄账户和活期存款所带来的收入，扣除通货膨胀的影响之后已经成了负数。西姆贝克转而推荐其客户购置房产，或者购买某种特定的股票型基金。其工作的储蓄银行从1956年起就提供这种基金，当时德国还处于阿登纳时代，而美国正处于艾森豪威尔时代。从1956年起，这支基金每年的收益率达到9%。

2013年时我问托斯滕·亨斯，正常的储户是如何应对零利率时代的。这位苏黎世大学的金融研究专家回答说，估计他们没什么反应。亨斯将储户比作青蛙。假如将青蛙投入装有滚烫热水的锅里，它们会立即跳出来；然而要是将水慢慢加热的话，也就是说，假如利率慢慢下降的话，储户就会和青蛙一样待在锅里不动，直到最后被烫伤。

零利率和通货膨胀就是这锅热水，因为20年之后，大部分储蓄都将被吞噬。如果储户像美第奇家族那样多元化投资，并像阿登纳时代的投资者那样，将他们的钱投资到不动产或股票型基金中去，那么就不会发生上述情况。但是只有10%——最多20%——的法国人、瑞士人、丹麦人、奥地利人和德国人拥有股票或股票型基金；奥地利人和德国人几乎将其一半资产放在储蓄账户里。德国人不仅没有减少储蓄额，反而从2013年起增资了5000亿欧元；法国人采取的行动大同小异。大部分储户的行为2013年以来就像温水锅里的青蛙那样：他们对低利率逐渐习以为常，直到零利率烧毁他们的储蓄。

股票和不动产对利率产品的打击

将部分资金放在银行备用的做法当然是有其道理的。对于每个人而言，值得推荐的做法是将紧急时——比如汽车或洗衣机坏了——备用的钱存放在银行，以备不时之需。假如有人能够预见孩子上大学的费用或失业等造成的财政负担，也会选择能快速拿到钱；计划购置家具等物品的人，同样会有此想法。这次新冠肺炎疫情中，在股市下跌的行情中卖掉股票套现的做法将是灾难性的。

股票投资需要时间，不动产投资同样如此。随着时间的推移，这些投资的优势将会显现。美国经济学家拉吉尼什·梅赫拉（Rajnish Mehra）和爱德华·普雷斯科特（Edward Prescott）已经通过研究证实，从19世纪末开始，美国股票平均收益率达到7%——而且这是每年的收益率去除通货膨胀的影响而得到的实际收益率。与之相比，短期国债的收益率则只有1%。这就为股票市场的崩溃得出6%的风险溢价——这种事情在1929年的黑色星期五、1987年的黑色星期一及2020年的新冠肺炎危机中都发生过，这些都是剧烈的崩溃。不过，每年6%的收益率看起来是对这种风险的合理溢价，因为假如能等几个月或几年，就会经历市场行情在崩溃之后的恢复。在大多数年份，投资者可以从股票中收取股息红利，仅此一项就是传统利息的好多倍。对于明晟世界指数（MSCI World Index）[1]中的全球股票而言，其股息收益率从1970年以来平均达到3%。

由经济学家奥斯卡·约达（Òscar Jordà）所领导的经济学家团队已经证实，相比传统的利率产品，股票和不动产投资具有明显

---

① MSCI（Morgan Stanley Capital international），明晟指数，是全球投资组合经理采用最多的基准指数。——译者注

的优势——利率产品的投资收益率在0.3%～2%，而后者的收益率可达7%～8%。他们的研究报告《万物投资回报率》（*The Rate of Return on Everything*）研究范围涵盖了15个国家，跨越150年。其他研究者同样得出了类似的研究结果。

对于储户而言，在利率下降中至关重要的是，认识到新时代的投资新动向并且从旧的枷锁中解放出来。正如英国政府在19世纪初利用罗斯柴尔德银行的新式贷款，力压当时的欧洲霸主拿破仑——拿破仑所采用的仍然是传统融资方式，即掠夺所占领的地区。新式贷款的成功同时也是罗斯柴尔德家族的成功，他们随即崛起成为欧洲首屈一指的银行家族。而在1744年，其家族的创始人梅耶·阿姆谢尔·罗斯柴尔德（Mayer Amschel Rothschild）刚刚出生在法兰克福的犹太人聚居区里，家里一贫如洗，当时这座自由的帝国城市通过一块标识牌禁止他们进入林荫道大街（Promenadestraße），标识牌上写着："犹太人和猪禁止入内。"

储户反对股票和不动产投资时最常用的说法就是有可能造成损失。这的确没错，一家公司甚至可能像那不勒斯国王罗伯特那样破产呢。不过，那些对投资分配资金与巴尔迪、佩鲁齐和阿恰约利家族不同的人，却能够保护自己：部分资金稳稳当当地放在银行里，通过这样的方式解除经济上的后顾之忧，其他的资金则投入多种股票和不动产基金中。为了投资的多样化，应当不将投资局限在本国的证券上，而是放眼国际，将资金投到像明晟世界指数或欧洲斯托克指数（Euro Stoxx）等全球性的股指中去。

这样做的结果仅仅是没有损失？不，数十年来，储户投资储蓄产品一直都在遭受损失，因为通货膨胀率常常超过那少得可怜的利率。1970—2000年，德国的实际利率有1/3的时间是负的，虽然直到零利率时代开始后，这种情况才被视为是合情合理的。储户在利率产品中所苦苦寻求的资产安全，到头来只不过是他们的一厢情愿。梅赫拉和普雷斯科特发现，股票几乎不比政府债券更不确定，因为后者的价格也是波动的。奥斯卡·约达及其同行在针对过去150年的全景式研究中写道："安全资产的收益往往波动很大，比人们所预计的幅度要大，其收益波动也比其他投资要大。"进入零利率时代以来，大家更应该投资股票和房地产。美国人将这种现象称作"别无选择"（There is no alternative，简称TINA）。

人们经常争辩说，高通胀等历史经验影响了一些国家的民众，以至于他们除了坚持投资安全的储蓄产品，想不出其他的办法。"一战"之后，正如奥地利作家斯蒂芬·茨威格（Stefan Zweig）所表达的那样，1923年的超级通货膨胀激怒了德国人，使其投入了希特勒的怀抱；1948年的货币改革再次让他们的储蓄一夜之间化为乌有。不过抛开今天活着的人几乎没有人亲自经历这些不谈，这些货币贬值的痛苦经历并没有为"储蓄产品是安全的"这一观点提供绝对的论据，恰恰相反，超级通货膨胀和货币改革所摧毁掉的正是储蓄账户和战争债券等货币资产。股票、不动产及农民所储藏的土豆等有形资产，在遭遇这些事件时是能够安然无恙地经受考验的。

早在1924年，英国经济学家约翰·梅纳德·凯恩斯就认识到了公司是如何通过其业务和投资为股东创造剩余价值的，以及它们是如何从国民经济活动中受益的。除了股票，交易所交易基金（ETF）也是一种成本低廉的工具，它们通常与流行的股票指数挂钩——而成本却只有主动型股票基金的一小部分。

大部分老百姓可以选择每月进行一定金额的投资。很多研究对此做法进行了地区层面的调查，根据这些研究，德国南部城市奥格斯堡的每一个居民每月平均都可以攒下200欧元用于储蓄，假如他们将这些钱投入股票或不动产的话，每年将会从中获得2%~5%的收益，30年之后其投资回报将会在10万~15万欧元之间。这相当于一个奥格斯堡人当前投资收益的2~3倍。不过在现实中，这座城市的一般居民将其超过一半的资产投入到了低利率的储蓄账户里，而由于通货膨胀，每年要损失几乎400欧元。这样的事情竟然发生在富格尔（Fugger）家族和韦尔泽（Welser）家族[①]曾经生活的城市里，500年前，正是他们一起建立起了现代金融业！当地的储蓄银行董事会的科内莉亚·克尔默（Cornelia Kollmer）称："人们需要变得更加勇敢一点，并且对传统储蓄之外的选择拥有更多的信任。"

那些回避风险的人更多地依赖房地产而不是股票。如果购置一套公寓，他们就会省下一笔租金——如果没有这套房产的话，租金往往将会吞噬掉其纯收入的40%。通过拥有自有住房，有些

---

① 富格尔家族和韦尔泽家族是15世纪晚期和16世纪奥格斯堡地区知名的商人家族。在构建贸易关系、业务领域及社会网络与交流结构等方面做出努力，是其商业上成功的重要因素。——译者注

国家的人能够相当平稳地度过零利率时代——这里指的是南欧和东欧国家，70%～90%的南欧和东欧人拥有不动产。这些不动产在零利率时代能够获得廉价的融资。因为人们的储蓄流进了住宅资产中，就不会在储蓄账户中留下很多现金。

长期以来，意大利人喜欢把钱投资于不动产。罗马第三大学（University Roma Tre）的安东尼娜·斯蒂拉蒂（Antonella Stirati）分析说，这是在历史上逐渐形成的投资习惯。意大利一直以来存在房租租金高昂而社会保障住房供应不足的情况，而且失业金也寥寥无几。假如一个人失业的话，其拥有的自有住房能够为其提供保障。由于拥有自有住房，相比其他地方，家庭联系更密切。假如父母能够负担的话，他们都会给后代购买一套公寓。他们乐意把公寓买在自己的社区里，孩子们将会因此而待在附近。在一个年轻人失业率高的国家，一家人聚在一起相互照应，是一种受欢迎的启动式资助（Starthilfe）①。在零利率时代，意大利人对自有房产的热衷被证明是整个国家的优势。

德国人、瑞士人和奥地利人是这个时代的输家

和意大利人比起来，许多德国人、奥地利人和瑞士人显然在新时代被抛在了后面。在这些国家，只有40%～60%的居民拥有

---

① Starthilfe一词原意为开业资助，这里指危机时期家人相互照应有助于开启之后的生活。——译者注

自己的房产。这通常是由于在这些国家可以长期廉价租房，以及国家限制出租者的活动空间。在零利率时代，自有住房率低将被证明是劣势。如果这些国家的大部分人对股票保持怀疑态度的话，这种劣势就尤其明显。此时，储户会陷入利率的陷阱，因为他们既不持有股票，也不持有不动产。德国人金融资产的80%投在了储蓄账户和人寿保险里，只有20%在股票和基金里；较为贫穷的一半民众则仅仅占有3%的不动产。不断上涨的租金、停滞的薪金和遭到削减的养老金，混合成了一杯鸡尾酒，民粹分子从中调制出了毒药。储户往往对不动产持反对态度，因为他们可能没有银行在发放住房贷款时所要求的必要的自有资本。不过这一事实却并不能阻止不动产投资。乔治·西姆贝克在其办公室打开了笔记本电脑，屏幕上展示出了绿色、红色和蓝色曲线，这些就是欧洲范围内部分不动产基金、储蓄账户和活期存款的价值发展变化曲线。当利率产品的收益率达到0.01%的时候，基金在5年内的收益率则达到了12%~16%。"我无法肯定未来几年还能有如此高的收益，但显而易见的是，现在投资是有机会的。"

可以理解的是，有些人宁愿拥有一套公寓来节省租金，其因为缺乏资本而买不起公寓产生抱怨是有道理的。这就出现了一个更大的问题：在零利率时代，储户只能部分自寻出路。错误的投资习惯根深蒂固，他们又缺乏金融教育和资本。因此，在零利率时代，政府大展身手的时刻到来了，它们必须在资金投资方面帮助民众去做几十年来它们本应该做而未做的事情——在金融教育方面进行投资，并通过补贴鼓励正确的投资，比如不动产和股票领域的投资。至关重要的是，改变那些根深蒂固的投资习惯。一位乔治·西姆贝克所在银行的投资顾问描述了投资者的心理："（投资者认为）股票是投机，是魔鬼工具。如果我追问为什么这么说，结果却显示，大部分投资者压根就没有什么惨痛的投资经历，他们的很多说法不过是道听途说。"对于许多欧洲人而言，拥有错误的投资习惯并非偶然，他们是在数十年的时间里逐渐形成这种习惯的。美国公司传统上通过股票来融资，而许多欧洲公司则通过信贷来融资，因此在这里，产生不了股票投资文化。许

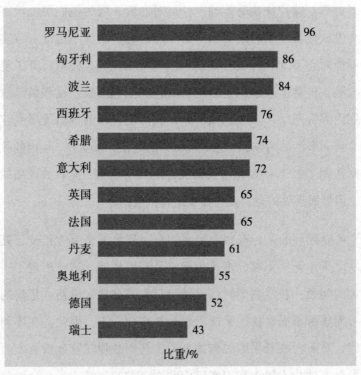

图7-1　2018年，各国房产拥有者占总人口的比重

数据来源：欧盟统计局（Eurostat）

多欧洲企业压根就不想发行股票，因为这些家族企业不想将其对企业的掌控权拱手让给其他股东。银行能从储户那里集中尽可能廉价的资金，以尽可能高的差价借贷给企业。银行募集资金的成本越低廉，它们将其借贷给企业的利率就越便宜，然后这些企业对股票的兴趣就会越小——这是一个以牺牲储户为代价的恶性循环。整个国家都被教育成在利率下降阶段如此投资，那些拥有数十年之久特权的人寿保险公司甚至还强化了这种趋势。

更多的金融教育

为了克服人们对股票及对房地产根深蒂固的怀疑，首先需要更好的金融教育。乔治·西姆贝克的客户往往不知道他们可以购买西门子、宝马或宝洁公司的股票，尽管他们对这些公司的产品都很熟悉。70%的奥地利人称他们不购买股票的主要原因在于缺乏相关的知识，这情况在欧洲以外的地区也可以观察到。在调查中，美国86%的在读大学生不知道股票的收益高还是债券的收益高，一半的美国人称，他们在学校里很少或根本没有听过与金融相关的知识。

更好的金融教育将惠及所有阶层，尤其是那些接受教育较少的阶层：每4个德国的大学毕业生中有1个持有股票，但每15个拥有实科中学或普通中学毕业证的人中，才有1个持有股票。要想提供更好的金融教育，就需要给教师提供新的教学计划、新的教科书，并开展新的继续教育。奥地利奥钢联集团（Voestalpine）的首席财务官罗伯特·奥特尔（Robert Ottel）称，不在学校里教授良好的金融知识是高度反社会的，"经济知识就像财富一样是可以继承的"。

金融教育的缺失，也解释了为什么通往大众股票投资的诸多尝试会失败。德国电信（Deutsche Telekom）1996年上市时，它本准备将其股票打造成大众股票，70万人在他们的生命历程中首次购买了股票。最初的投资是坚实的，然而后来很多人在金融顾问的建议下，卷进了德国电信被高估的价值和新市场的投机性证券中。德国电信的股票（T-Aktien）从2000年超过100欧元的最高点，跌到了2002年的8欧元，新市场上的许多证券也陷入暴跌。这场灾难让很多德国人此后再也不碰股票了。

因为这些事故，目前政府需要做两方面的事情：一方面是在学校和成人业余大学里提供更好的金融教育；另一方面，是让那些顾问为储户提供更好的支持，所以对金融顾问，必须采取更高的标准。定期在消费者保护机构举办由国家出资的相关活动，能够帮助储户获得中性的建议，这样，他们就可以基于所接受的金融教育进行结构化投资，并将资金安排到不动产、股票等高收益的领域，以及低成本的ETF中，而不必经常盯着股票市场的动态。奥地利政府在这方面的推进是一个良好典范。它计划增加人们的金融知识，并通过税收让股票变得更有吸引力。在低利率时代，财富构建是一个"政治问题"，事实上，它甚至是一个高度政治化的问题。

传统储户的破产

在工业化国家，财富的分配是极度不平衡的。少数德国富人家庭拥有的财产相当于整个较为贫穷人群的一半人口所拥有的财产总和。也就是说，100个人所拥有的财富与其他4000万人所拥有的财富相当。具有差异性的资金投资在强化这种贫富之间的鸿沟。在欧元区，德国和奥地利是房产拥有比例和股票投资比例最低的国家——同时也是贫富差距最大的国家：在财富分配上，没有其他国家像这两个国家那样不平衡。月纯收入在4000欧元以上的德国家庭，其中的1/3持有股票或基金；而月纯收入在2000欧元以下的德国家庭，仅有1/7的家庭持有股票或基金。

迄今为止的资金投资方式在固化着不平等，并附带令人震惊的后果：全体民众辛勤努力所获得的成果，却让少部分富人从中受益。在欧元区，德国和奥地利的经济产出最高，但是德国中等家庭的年收入在6.1万欧元，在奥地利这一数字是8.5万欧元，均小于欧元区家庭收入的平均值（10万欧元），并且远远小于欧元区中的长期经济危机国家意大利、西班牙和塞浦路斯的中等家庭收入值（分别是14.6万欧元、16万欧元和17万欧元）。

零利率时代，这种不平等被激化了。根据美国分析公司BCA Research的计算，2015—2020年，全球财富膨胀了160万亿美元，超过了以往任何时候，这主要是由于房价和股票价格攀升。在大众没有住房和股票的国家，这种发展只对富人有利。

对于一半的德国股票持有者而言，其财富增长幅度超过3.8万欧元；而在偏好储蓄的人那里，其财富增长幅度不过几千欧元，甚至还会出现资产损失。大城市的房价在10年内翻了一番，其财富膨胀幅度达到了3万亿欧元，而其中有超过一半的财富落入了最富有的10%的人的腰包里。与之相对的是，中产阶层则要多花其1/5的资产用于租房。根据莫里茨·舒拉里克在他的研究《新的住房问题》（*Die neue Wohnungsfrage*）中的分析，较为贫穷的人所居住的地区，租金上涨最多——他们是这场繁荣的输家。

舒拉里克有意地将这个标题与弗里德里希·恩格斯1873年的论文《论住房问题》（*Zur Wohnungsfrage*）联系起来。这种联系非常有道理：储户的命运和工业化国家中随处可见的、不断膨胀的不平等，均具备引发大众反抗的力量。沸腾的怒火已经让右翼民粹主义者在美国、英国及奥地利和意大利一度掌权，从而使整个人类的命运趋于恶化。对此，各国政党应该做出回应。

国家的时刻

工业化国家的老牌政党必须要让广大民众最终更公平地分享繁荣的成果。这包括改善金融投资状况的大规模投资计划，包括对金融教育方面的投资，也包括通过给广大民众发放补贴，使其有目的地在股票和不动产领域积累资产。在法国和意大利，15万欧元以内的储蓄计划是免税的。这是第一步，后续补贴应该继续跟上。不过这还不够，工业化国家中的许多老百姓必须首先在财务上拥有更多可以投入到股票和不动产领域的资金。为此，就需要有税收改革来使得收入分配更加公平。自20世纪80年代起，在新自由主义思潮占据主流的情况下，政策更多的是给富人减税降负，广大民众反倒要比以前缴纳更多的税费。如果中产阶层和较为贫穷的老百姓能从工资中有更多结余，那么他们就能够更容易地积累财富。

上述这一切可以与私人养老金的重组结合起来。目前存在的、借助利率产品的养老金，往往让金融企业比储户获益更多。当德国政府在20世纪末、21世纪初将养老金削减与养老金补贴结合时，保险公司劫持了这个项目。它们威胁当时的劳工部部长沃尔特·雷斯特（Walter Riester），如果不能满足它们的条件，保险公司就不再提供任何保险产品，雷斯特后来如此向我讲述道。对此，政府为了不牺牲其整体的养老金计划，选择了屈服。

现在，大部分建立在弱利率产品上的雷斯特合同（Riesterver-träge）①几乎没有任何收益。如果没有国家的补贴，它们甚至常常是赔本的买卖。这样的养老金阻止不了老年贫困的威胁，在未来15年里，大约1/5的德国养老金领取者有可能遭遇老年贫困。1/2

---

① 雷斯特合同（Riesterverträge）是德国施罗德政府时期，时任劳工部部长沃尔特·雷斯特所推行的养老金体系改革所确定的一种养老保险的模式，即由国家提供税收政策优惠，在国家法定养老保险的基础上，企业出资给员工购买的养老补充保险。——译者注

的德国雇员每月将会有700欧元的短缺，而难以维持其习惯的生活标准。假如通过雷斯特合同提供私人养老金，这一比例将从50%降到48%——也就是说几乎没什么变化。

出路或许在于像瑞典那样，通过国家监管的、成本低廉的募集基金，将为养老所准备的资金投入股票和不动产中。是的，这是可以得到融资保障的：其方法就在于，政府从少数富人那里抽取资金——正是这些资金让他们在过去几十年里变得愈加富有——而这些资金中的大部分是从零利率时代的股票和不动产投资收益中获得的。

现在或许正是政府该有所行动的时刻。1/4的奥地利人正在考虑购买股票，相比于3年前，这个数字翻倍了。巴伐利亚人民银行行长于尔根·格罗斯（Jürgen Gros）宣传说，即使是在零利率时代，也有"相比较而言收益可观"的股票或基金等投资资产。1/2的德国人正在权衡投资股票和不动产等的计划，以逃离利率下降的困境。2015年的时候，在乔治·西姆贝克工作的银行，还有很多顾客拒绝这么做；而现在，坐在银行投资顾问那里的顾客都像下面这位一样：这位30岁出头的年轻男性客户有一份利率为2%的旧时代储蓄合同，这是银行在过去几年相继取消了的。他没有选择让自己的钱因为利率下跌而承受损失，而是选择将他所拥有的8万欧元中的一大部分投入到不动产基金和股票中。同时，他并没有不顾及眼下的现实情况，由于他很快要结婚，所以他在账户里保留了几万欧元，随时供其调用。

对于工业化国家的政府而言，关键是要鼓励这些传统储户投资。在这方面，政府以往并没有做什么工作。在德国，2011年零利率时代开始时有850万股民，今天这一数字是1000万。各国政府应该对此采取行动，因为零利率时代还将持续下去，新冠肺炎疫情引发的经济衰退将迫使各国央行仍然继续保持低利率。各国政府应该鼓励寻找摆脱低利率的出路，这样，政府不仅可以更好地安置传统储户，同时能够更好地应对贫富差距和老年贫困问题。在贫困的储户的怒火将它们赶下台，将更多的民粹主义者送上权力的宝座，并让这个世界变得更加糟糕之前，它们应当这么做。

然而同样显而易见的是，利率的发展情况，对于民众而言，在改善资金投资方面也意义重大。这里面有很多原因。一方面，由于投资风险的存在及投资的多元化配置，储户不应当将所有资金都保留在股票或不动产里面，而是应当拿出一部分放到利率产品中。另一方面，让更广泛的资金进入股票和不动产中也需要一段时间，毕竟改变根深蒂固的投资习惯是需要时间的，这需要国家在金融教育方面的投资与补贴。不过新冠肺炎危机之后，围绕国家资金爆发的分配争夺，相比之前要更激烈了。除此之外，进入零利率时代以来，股票与不动产的价格都已经变得昂贵了，这让部分投资者心生畏惧，同时让他们更多地转向利率产品。

所有这一切意味着，对于民众而言，利率本身如何发展在未来也是至关重要的，因此关注点就聚焦到谁将会对这种发展产生影响。全球性的因素——如工业化国家中的老龄化和经济停滞等，将变化不大。不过，国家机构如何行动，却可能发生改变，因此在接下来的章节中重点讨论的就是它们的行动。自2008年金融危机以来，为什么各国央行以前所未有的方式降低主导利率？它们走得太远了吗？在利率问题及欧元等货币的存续问题上，各国政府都在扮演什么样的角色？

08

美联储、欧洲央行与其他央行：中央银行在颠覆人类的生活

美联储再次先行一步。当2020年春季新冠肺炎病毒肆虐扩散之时，全人类都陷入震惊之中，成百上千人随即命丧病毒之手，全球互联的世界经济崩溃。工厂停掉了流水线，商店关闭，股市一泻千里。

早在这一切被记录下来、政治家们开始在经济上出台首批危机救援计划之前，美联储主席杰罗姆·鲍威尔（Jerome Powell）就已经采取行动了。他无法阻止感染者的死亡，但是却可以改善生者的经济处境。出乎所有人意料的是，这位货币的守护者降低了主导利率。几天之后，他继续行动。在某个周日，股市平静之时，他已经将主导利率降到了接近零。

美国央行怎样先行一步

事实上，股市的恐慌并没有因为美联储出手干预而得到遏止，鲍威尔必须另想新的办法。疫情暴发所形成的冲击局面是这位律师出身的主席完全没有料到的，全世界其他地方的人也同样没有料到。没有什么人能够逃脱新冠肺炎病毒肆虐全球而导致的封锁。在其他的危机中，中央银行只要采取降低利率的措施刺激投资就足以应付危机了，但这次，这一招不够用了。鲍威尔旋即宣布，将继续将2万亿美元——难以置信的数字——注入经济中。在这场新冠肺炎危机中，对经济具有决定性作用的是美联储的再次勇敢出击。自从瑞典中央银行和英国央行建立以来的几百年的历史中，在这样的危急时刻，中央银行的银行家们的行为很少像如今这样具有争议性。

这些货币的守护者被敌意环绕，因为传统的储蓄产品几乎不再能够产生收益。造成这种局面的原因主要在于几个强大的发展趋势：2008年金融危机以来资金逃往抵押产品、老龄化，以及经济停滞。但是这些趋势相互之间的联系，许多老百姓并不清楚。并且，这种局面让他们更容易接受保守政治势力对中央银行的批评，也让他们对德国选择党和特朗普这样的民粹分子对中央银行的肆意攻击拍手称快。

但各国中央银行并非这些大趋势形成过程中的棋子而已，它们有着巨大的塑造力量。美联储主席鲍威尔在新冠肺炎危机中的所作所为，似乎是史无前例的，但是事实并非如此。2008年金融危机爆发10年以来，全球央行都在放松货币政策以稳定经济。这些货币守护者彻底改变了人们的生活，因为传统储户几乎无法获得收益，都是拜这些中央银行所赐，是它们将货币体系带入危险的紧急状态。本书的后几章将会调查，这当中究竟发生了什么。是它们走得太远了吗？

瑞士的主导利率在2020年年初之时就以−0.75%的水平低于全球任何地方的主导利率，而这种负利率在瑞士已经延续了5年之久。其中央银行主席托马斯·乔丹（Thomas Jordan）曾试图通过如此操作来阻止经济崩溃："利率并非仅仅因为央行的货币政策而处于低位，原因主要在于结构性的变化，总体来说就是储蓄变多而投资变少。我们当然没有什么理由去反对取消负主导利率，但是在目前的环境中，这与我们的任务是背道而驰的。假如我们将利率调到零，那么瑞士法郎将会强劲升值而引发经济衰退，失业率将会随之而攀升。"

2008年金融危机：一切的起源

全球各国央行的持续性宽松货币政策出现在2008年金融危机中，这场崩溃是"二战"后的首次经济熔毁。它肇因于新自由主义革命，美国前总统罗纳德·里根（Ronald Reagan）开启了私有化进程，为富人降税并且放松了对金融市场的管制。英国前首相撒切尔夫人曾在1986年10月27日的英国议会上宣布："让我们扔掉那些阻碍我们成功的规章条例吧。"于是，金融业取代了工业，成为国民经济的核心，西服革履的体面工作取代了流水线上的苦活。

自此往后，银行等金融机构就使实体经济相形见绌。2006年，全球国内生产总值大约在47万亿美元，部分高度投机的金融衍生品的数量通常是基本产品、货币、原材料或房地产贷款的数倍，价值增长速度更是它们的10倍。银行家们由此扶摇直上，从金融服务提供者一跃成为经济统治者，其财富积累就像米达斯王。1973—1985年，美国经济中企业利润每年分配到金融领域的比例从未超过16%，但在21世纪初，这一比例达到了40%——尽管金融行业从业人员在整个美国就业人口中只占10%的比例。

例如，基本的金融衍生品是房地产贷款，而房地产价格每年在美国城市中的涨幅在10%～15%。在这种氛围之下，信贷同样也发放给了那些收入少的人。银行私下里瞧不起这些债务人，称他们为Ninja，即英文no income，no job，no assets（无收入、无工作、无财产的"三无人员"）的缩写。这些银行家之所以借给他们钱，是因为他们将这些不动产信贷的风险分割成越来越小的一揽子计划，然后将其继续卖给不同的投资者。某个时候，风险看起来就像消失了一样，评级机构给予这些产品良好的评分，全世界各地的投资者就会买这些不动产衍生品，其中包括德国的银行。在美国纽约，德国银行因为购买这些衍生品而造成亏损，因而被称作"愚蠢的德国钱"（Stupid German Money）。发放给更为贫穷的人的不动产信贷从20世纪90年代的300亿美元攀升到了2005年时的6250亿美元，投资者们通过借贷购买这些证券，银行也以为数不多的自有资本来维持其业务运转。

当不动产的价格轰然崩塌之时，这种投机业就像空中楼阁一样崩溃了，但是风险却并没有消失，反而在世界各地展示了其残酷无情，包括在提供了"愚蠢的德国钱"的德国。金融危机的疯狂背后，是像理查德·福尔德一样为金融危机提供动力的银行家，这位雷曼投资银行首席执行官曾向其雇员许诺，要成为"肮脏的富人"（filthy rich）。其中一位雇员讲述了富尔德当时如何将其叫到办公室里去，只提出了一个问题："你如何能够让我拥有10亿美元？"雷曼及与其类似的银行通过投机，将这个世界推到了濒临深渊的境地，其情形就像1637年的荷兰，当时一个普通人居然相信，通过郁金香花球就可以轻松赚钱。这种疯狂摧毁了一切，与荷兰的郁金香热潮相比，在雷曼和类似的机构这里，投机是全球性的。当这位肮脏的富翁的银行在2008年分崩离析之时，经济的熔毁之灾就开始了。

当时，全球各地的银行都停止了每天的金融交易——以往这一数额高达数百万美元。对货币的信任正在消失。就和中世纪腓特烈三世这样的统治者操纵金币之时一样，普通老百姓开始通过囤积黄金自保，他们还像20世纪30年代的人一样清空账户，2008年全球经济就像20世纪30年代的情况一样，有陷入大萧条的危险，而在那时的德国，600万失业者将阿道夫·希特勒送上了权力的巅峰。多年以来的国民经济的繁荣受到了威胁。

紧接着，包括时任美联储主席的本·伯南克在内的中央银行的银行家们就采取行动应对了，他们的巨大功绩是在关键性时刻没有束手待毙。而在20世纪30年代，当时的中央银行家们对灾难听之任之。而在2008年的金融危机中，银行家们采取各种措施来遏制经济崩溃。

威廉·沃茨（William Watts）在《华尔街日报》写道："欧洲中央银行和美联储都是危机发生时城市中唯一的力挽狂澜的决断者，因为在金融危机之后，政治家们对扩大财政支出是犹豫不决的。"逆周期的国家支出，是英国经济学家凯恩斯在20世纪30年代世界经济危机之后认识到的、应对危机而必须采取的必要性政策，但是这种认识现在似乎已经被忘记了。

不仅美国忘记了，欧洲也忘记了。在2008年金融危机之后的数年内，时任美联储主席伯南克曾一再要求美国政府和美国国会采取支出政策。类似的事情也发生在欧元危机时，当时德国等国对欧洲南部地区国家推行紧缩政策，导致了问题加剧。这些欧元国家所推行的是以"黑零"为特征的财政平衡机制，而非投资，而假如扩大投资的话，不仅这些国家自身将会受益，欧洲南部国家也能因此受益。对此，沃茨评论说："政治家们满足于让央行的银行家们去阻止经济陷入更深的危机，而他们自己则对银行家们所采取的非常规措施指手画脚。"

在金融危机中，伯南克在众多央行银行家中表现异常突出。美联储一下子将其主导利率降到了接近零的水平，并且将其长年保持在低位。与按照德意志联邦银行模式构建起来的欧洲中央银行不同，美联储不仅有稳定物价的义务，同时也有与失业抗争的义务。传统的做法是，当面临衰退的威胁时，它尤其要坚定地采取措施让资金更为廉价，目的在于使企业能够获得更便宜的信贷资金进行投资，从而带动经济繁荣。

这样做往往很难让美国的传统储户满意。"储户和退休者有接近10年时间，在利息上处于被掠夺的境地。"《纽约时报》的塔拉·西格尔·伯纳德（Tara Siegel Bernard）写道。即使美联储重新提高主导利率，储蓄账户的收益率也只有0.1%，虽然经过后续新的调整，提高后的收益率曾达到0.2%。即使美联储因此遭遇如此多的非议，这种积极的货币政策还是很好地守护了美国免于经济的崩溃。在2001年的"9·11"事件之后，或者在2008年的金融危机之后，美国能够安然渡过危机，靠的就是美联储的上述做法。虽然这场经济危机是从美国发源的，但是美国经济却比欧洲国家恢复得更快。

欧洲央行起步太晚

之所以出现这一局面，原因在于美联储迅速采取了大规模行动加以应对，而欧洲央行贻误了时机。多年以来，人们都在因为"持续的零利率政策"而批评欧洲央行。事实上，这些货币的守护者在法兰克福的欧元塔里决定采取行动应对时，是非常犹豫不决的。时任欧洲央行行长的让-克罗德·特里谢（Jean-Claude Trichet）低估了这场金融危机的影响力。尽管经济不景气，他仍将利率保持在荒谬的高位，直到雷曼兄弟破产，他才犹犹豫豫地降低利率。而当欧元区处于表面上的恢复期时，他很快就再次将利率提高，这些决策后来都被证明是错误的。

　　有些人认为，特里谢执掌下的欧洲央行被困在了德意志联邦银行的哲学之中，按照这种哲学，危险的主要是通货膨胀，因此，不断进行预防性的加息是必要的。而对这种哲学，作家乌尔希克·赫尔曼（Ulrike Herrmann）对德意志联邦银行提出了批评。她认为，联邦银行在德国统一之后出于对通货膨胀的恐慌，采取了灾难性的行动："联邦银行的加息措施无情地扼杀了经济。尽管如此，联邦银行直到今天都被视为是不会犯错的，且受到推崇。"

　　直到2011年，特里谢的继任者马里奥·德拉吉——他在美国的多年经历让他熟悉那里的思维方式——才从美联储成功的危机应对政策中得到启示。这位意大利人将欧元主导利率降到了零的位置。德拉吉的这种举措激起了非议，但却只能将其理解成是美联储早已经在做的事。主导利率低于零的情况，不仅欧元区国家见识到了，日本、丹麦和瑞典也有体会。德拉吉萧规曹随地在争议声中购买国债的行为，不过是对美联储行动的亦步亦趋而已。

　　尼古拉·巴维莱兹就对零利率政策持批评态度。这位法国人论证说，德拉吉不得不在特别长的时间内给欧元区开出廉价货币的药方，因为欧洲央行起步太晚了："德拉吉支持负利率的原因，可以用其前任特里谢的错误来解释。在多个国家已经违约的情况下，特里谢荒唐的加息让欧元区陷入危险之中。这就解释了为什么欧元区花了10年时间才恢复到危机前的活动水平，而美国只用了5年时间就做到了，因为美联储在2009年就已经启动了大规模国债购买计划。"

通货膨胀还是通货紧缩

德拉吉所面对的怪物，是在20世纪30年代曾导致世界经济危机的通货紧缩和物价下跌。它们使得投资对企业不再具有吸引力，因为企业出售商品的收益将会更少。而一旦物价下跌，企业又会缺乏收入去偿付债务，进而导致破产。通货紧缩会让经济瘫痪。

在世界性的经济危机之中，恰恰是在德国，这种关联并不被理解。对通货膨胀的恐惧，也即对攀升的物价的恐惧，在德国是占统治地位的。这种情况自从1923年因战争而爆发的超级通货膨胀以来就存在，在那场超级通胀中，工资贬值速度之快，让德国老百姓瞠目结舌。有人为了花3200亿马克买一只鸡蛋而使用手推车来运送现金。奥地利作家斯蒂芬·茨威格在其著作《昨日的世界》（*Die Welt von Gestern*）中曾写道，没有什么比通货膨胀更能够让德意志民族做好准备让一个希特勒来解决问题了，"因为这场战争已经显示了它是多么的残酷，毕竟它在一片胜利的号角声中给德国带来了几个小时的欢庆。作为无可救药的军事民族，在这短暂的胜利中，德国人的自豪感得以膨胀，而同时，通货膨胀却独独让人感到被玷污、被欺骗和被贬低"。因此，当时任德国总理海因里希·布吕宁（Heinrich Brüning）在1929年美国股市崩溃之后采取与危险的通货膨胀相反的措施，即用物价下跌来奔忙应对时，没有人看出其中有问题。布吕宁试图用通货紧缩的办法来对抗世界经济危机，他降低工资水平，削减国家支出，并且采取加税措施，甚至推行了针对单身人士、商场和矿泉水的新税种。布吕宁以此扼杀了德国经济。美国学者查尔斯·金德尔伯格（Charles Kindleberger）在其纵论世界经济危机的经典著作中，对布吕宁的做法做了如下批评："通货紧缩政策在攸关命运的时期推行了长达两年，尽管其不足之处应该是一目了然的。到了1931年的时候，相比1929年，德国失业者增加了300万。"两年之后，希特勒趁机上台，执掌了德国的政治权柄。

在德拉吉执掌欧洲央行的8年任期内，欧元区物价平均仅仅攀升了1.2%，远低于最高可达2%的官方通胀目标。德拉吉担心，处于低位的通胀率会反过来导致物价下跌。对此，卡尔斯鲁厄应用技术大学的经济学者哈根·克莱默警告称："相比通货膨胀，通货紧缩要危险得多。与其说我们正生活在一个通货膨胀的世界里，不如说我们正身处通货紧缩的世界中。"为此，德拉吉再次调低了利率并通过购买政府债券来刺激经济，因为南欧国家几乎还没有从欧元危机中恢复。针对德拉吉的举措，德国有人多次提起诉讼，但均被欧洲法院驳回。德拉吉阻止了通货紧缩的出现。"欧洲央行的任务并非向储户保证高额利息，而是达到其通货膨胀目标。"克莱默评论说。

他认为，德拉吉的反通货紧缩政策尤其无法在德国人中获得理解，是合乎逻辑的。"在德国人的集体记忆中，20世纪20年代的超级通货膨胀及'二战'后同样造成货币贬值的1948年货币改革，留有深深的烙印。德意志联邦银行也因为这种影响而有所担忧。相比德国，盎格鲁-撒克逊世界中的世界经济危机受通货紧缩的影响更明显。"

正因为如此，美联储所采用的做法是不断采取措施防止物价下跌。相比在德国，这种做法在美国的争议要小得多。国际货币基金组织法国籍的前首席经济学家奥利维尔·布兰查德（Olivier Blanchard）甚至建议各国中央银行的通胀目标应该设在4%，而非现在的2%。对这一建议，许多德国人会认为危险而拒绝。就像针对德拉吉的货币政策的主要批评一样，这些人认为它会引发大规模通货膨胀，而这种大规模通货膨胀将会让储蓄贬值。结果证明，上述论断是错误的。通货膨胀几乎一直保持在低于2%的水平。按照已经达成共识的预测，在未来5年内，物价平均上涨幅度将仅仅只有1.7%。假如更多地考虑到房地产等资产价格上涨对一般生活费用的影响，情况和目前不会有什么大的变化。

意大利人是如何拯救欧元的

在德拉吉执掌欧洲央行之时，对欧洲央行还能存在多久这一问题，答案其实是未知的。希腊等诸多欧元区高负债国家濒临破产，这有可能引发连锁反应，在这种连锁反应中，欧元将可能走向失败。一旦欧元失败，为欧元而生的欧洲央行将面临皮之不存、毛将焉附的处境。欧元的倾覆将会引发威胁整个欧洲联盟——这是对20世纪30年代世界经济危机痛苦折磨及数百万德国人为之丧命的世界大战的政治解答——的旋涡。一旦欧元失败，"欧洲一体化的理念也会随之失败"，德国总理默克尔的警告并非危言耸听。她是在德国亚琛的国际查理曼奖颁奖仪式上发出这番警告的，正是在12个世纪之前，查理大帝的王国首次让欧洲的轮廓清晰可见。

欧元的问题首先出在默克尔之前一代的政治家身上。欧元的缔造者们没有为欧元配备一个政治联盟，即必要的中央权力机构，以让它可以度过艰难时期。默克尔一代的政治家们随后又错过了修正这一错误的机会（更多相关分析参见第十章"围绕欧元的终极博弈"）。

当德拉吉2012年6月在宫殿一样的伦敦兰卡斯特宫（Lancaster House）发表演讲时，欧元正濒临崩溃。欧元区的希腊和意大利已经几乎无法为其债务融资，因为投资者要求越来越高的利息，但这些国家的经济像金融危机时期一样处于萎缩状态，投机者们都在押注欧元将会崩溃终结。其中一位投机者——世界最大的投资基金的一位印度籍投资经理，那时在伦敦向我预计，欧元将成为历史。伴随着那句"欧元将成为历史"的预言，他穿着皮鞋吱嘎吱嘎地在房间里踱来踱去。吱嘎、吱嘎，听起来就像是恐怖的终结来临之声。

在向南欧提供贷款方案后，为了拯救货币，联盟已经显得不堪重负。它们缺乏一个政治联盟、一个中央权力机构居中调配，给各成员国提供必要的资金。美国政府推出的凯恩斯主义的支出刺激政策作用于整个美元区域，而在欧元区，各国政府却各自为政。与美国相比，它们缺一个中央权力机关采用凯恩斯主义的政策措施来遏止经济崩溃。

在兰卡斯特宫厚厚的墙壁之后，德拉吉首次谈到了大黄蜂是如何起飞的——尽管在解剖学上，飞行对于大黄蜂而言是不可行的，但就像大黄蜂一样，欧元在最初几年也"起飞"了。欧元的"飞行"一直持续到金融危机爆发。现在，为了不坠落，欧元必须成为一只真正的蜜蜂。在演讲现场的一些投资者听到德拉吉的话可能会猜测，这位有着猫头鹰面孔的意大利人是不是脑子错乱了。

德拉吉接着突然说起他将如何阻止那些投注于欧元衰落的投机者："欧洲央行已经做好准备，将不惜一切代价来拯救欧元。相信我，这就够了。"不惜一切代价（Whatever it takes）——德拉吉将中央银行的垄断这架大炮架到了世界舞台上：如果需要，它想印多少钱就印多少钱。哲学家克里斯托弗·图尔克语带惊奇地评论称："中央银行成了神职委员会。它们施加魔法，赋予了纸币或像素以购买力。"

而德拉吉本人在其伦敦演讲之后曾对我说："金融市场必须知道，欧元是不可逆转的。"哈根·克莱默对此认为："德拉吉想告诉投机者的是，这里有一家机构，要比你们更加神通广大，它拯救了欧元。""不惜一切代价"因此成为央行数百年历史中最著名的一句话。德拉吉继承了由1656年瑞典中央银行和1694年英国中央银行所开创的传统。与这些前辈一样，他稳定了货币，同时也稳定了经济。德拉吉发出了政治家们没有发出的政治信号，欧洲南部的利率降低了。在德拉吉发出信号之后，欧元区开始走向复苏，且一年之后就出现了经济增长。

欧洲央行的行动同时也向承受低利率之苦的储户发出了一个信号。德国经济专家委员会经济专家阿希姆·特鲁格对此认为："仅仅将焦点放在储蓄利率本身，已经显示出是错误的。为了阻止欧元的崩溃和经济危机的出现，零利率政策至关重要。假如没有这项政策的话，很多今天抱怨低利率的人可能就处于失业状态或者只能拿到更少的退休金。"安联保险前首席经济学家米歇尔·海瑟（Michael Heise）估计，欧元的崩溃将会在德国造成100万人的失业。而与此相对，因为欧元的存在，在过去的10年中，欧洲出现了1100万个新的就业岗位。

欧元将会创造积极的效应，这种效应在其早期在欧元区内扩大时也能够观察得到。1566年，当支离破碎的德意志神圣罗马帝国宣布将塔勒作为其诸多单独领地中的官方货币时，这一举措曾刺激了贸易的繁荣。德拉吉对我讲述说："欧元的存在实现了整个欧洲大陆的物价稳定。汇率的风险消失了，而这无疑将有利于经济增长和就业。"在整个进程中，欧洲央行将利率维持在低位并且大规模购买国债，2012年之后的数年内，欧洲央行压制了通货紧缩且稳定了欧元——假如没有做到这些，欧元的崩溃将会危及全局，因此，这些举措确保了整个欧洲大陆的和平与繁荣。而在短短数十年之前，这片大陆还在惨遭两次世界大战的蹂躏。

德国投资咨询专家马克·弗里德里希（Marc Friedrich）等崩溃预言家则公开批评欧洲央行是灾祸："在欧洲央行给我们套上的

紧身衣内，我们在欧元区内从未再看到过利率上升。"这种说法对有些老百姓虽然有利，但不过是舆论造势而已。在美国货币研究专家巴里·艾辛格林（Barry Eichengreen）看来，欧洲央行必须采取干预措施，因为政治家们拒绝必要的支出："除此之外都是不负责任的。假如发生火灾而负责灭火的消防员什么都不做，那么邻近的消防员应该做些不同的事吗？"笔者曾就此问过德国顶级政治家和中央银行负责人，他们大多信誓旦旦地说着同样的话。

总而言之，金融危机爆发以来的这些年，各国中央银行做了很多事情。美联储一马当先，首先出手阻止了陷入一场类似20世纪30年代大萧条的经济崩溃；欧洲央行犹犹豫豫地跟随其后，结果助长了欧元危机的爆发。不过欧洲央行及时控制住了这场危机。并且与美联储一样，欧洲央行也将通货紧缩远远地阻击在民众的生活之外。总的来看，工业化国家在经济上经历了稳固的21世纪第二个10年。

但是从逻辑上来讲，欧洲央行不能长时间地充当欧元的拯救者，它只不过暂时熨平了欧元缺乏政治统一所带来的结构性缺陷。而这一缺陷很快又会重新威胁欧元的存在，尤其是在一场由于新冠肺炎疫情所引发的一场经济危机之中，欧元的生存威胁很可能会再次出现。而恰恰是在这样的危机当中，中央银行银行家们所展开的拯救行动所带来的代价也很快就能被感受到。

对此，就连像尼古拉·巴维莱兹这样的人都批评欧洲央行在欧元危机刚刚开始时采取行动过于迟缓。他认为："马里奥·德拉吉作为欧元的救世主，将会被载入史册。但是为了这种独特货币的幸存所付出的代价，一直以来都被低估了。负利率首先营造了一种孵化投机泡沫的机制，它们摧毁了储蓄并且导致了中产阶层的贫困化，从而再次推动了政治极端主义的发展，甚至还引发欧元区各国之间的紧张关系。"

与巴维莱兹类似，沃尔克·维兰德在新冠肺炎疫情之前数月就警告称，欧洲本来应该早一些应对其货币政策所带来的不良后果。已经有迹象显示，欧元拯救者马里奥·德拉吉在其任期末期仍然一再固执地开出具有种种副作用的药方。2017年和2018年的时候，欧元区的国民经济增长幅度达到了2%。维兰德认为，当时欧洲央行就应该抓住时机，轻微地提升主导利率，就像美联储几年前就已经开始的做法一样。采取这样措施，可以向公众传递回归正常利率轨道的信号，但是欧洲央行错过了这个时机。

然后世界经济走弱，例如因为特朗普政府发起的惩罚性关税。当德拉吉2019年以再次购买国债作为其最后一个任期内的举措时，一半的成员国都表示反对。奥地利中央银行行长罗伯特·霍尔兹曼（Robert Holzmann）就发出警告，认为一再扩张的货币政策无济于事，"我们必须摆脱这种境遇"。

不过，导致低利率的罪魁祸首先是诸如难民接收、老龄化及经济停滞等全球趋势。欧洲央行等全球央行只不过激化了这种低利率。这种情况让传统的储户损失巨大。廉价的货币也导致企业和国家负债累累，并且像2008年金融危机之前那样吹大了股市和房地产的泡沫。所有这一切都是风险，在因为新冠肺炎疫情所导致的一场经济危机中，尤其会有诸多负面影响。但是这些风险实际上到底有多大呢？

09
全球风险和新冠肺炎冲击

美国小城普林斯顿在1783年之时曾有几个月作为美国首都而存在，但让这座小城闻名遐迩的原因却是其拥有高等学府普林斯顿大学。大物理学家爱因斯坦、美国原子弹之父奥本海默及美联储前主席伯南克等精英，都曾在此执掌教鞭。在经济学家马克斯·奥特（Max Otte）20世纪80年代在此求学时，在普林斯顿他是能够住得很舒服的，他和几位同事分享的小房子彼时价值13万美元。但当奥特20年之后因为参加婚礼重返普林斯顿时，他几乎难以相信：他以前住过的小房子现在价值40万美元，价格是原来的3倍之多。

吹大泡沫直至破裂

奥特告诉我，他已经看到了近在眼前的金融危机的导火索。

在美国的城市，住宅价格每年上涨幅度在10%～15%之间。奥特因此写了一本书，向人们发出了大崩溃即将出现的警告。[①]和其他发出警告的人经历的一样，人们对他的警告充耳不闻，直到2008年金融危机爆发，崩溃切切实实地发生。无论是在美国还是在欧洲，不动产泡沫破裂，数以百万计的人流离失所。

这样的金融泡沫一再地引发经济危机，而泡沫同样通过当今的零利率被不断吹大。其原因首先在于资产避险、老龄化和经济停滞的趋势，但是同样要为此负责的还有各国中央银行。当传统的经典储蓄投资无法获得收益的时候，专业的投资者就会购入股票和不动产；而当信贷便宜的时候，有些人则会依靠借贷来消费。这样就出现了双重的危机：一方面是被推高、随时会崩溃的价格，另一方面是随时无法偿还的、过高的债务。

早在2014年，就有不同的经济学家，例如奥特、马塞尔·弗拉茨彻及国际清算银行——各国中央银行的顶层机构，就注意到了新的金融泡沫在膨胀，并认为各国央行负有连带责任。奥特认为："假如在慕尼黑购买一处住宅的价格是其租金的30倍，那么这就是一个泡沫。"对此，弗拉茨彻也说："我同样预计，在各国金融市场上已经存在可见的金融泡沫了。"而欧洲中央银行的批评家冈瑟·施纳布尔（Gunther Schnabl）也断定："我们所面临的是一个不断变动着的金融泡沫链，而这条泡沫链是由（各国）货币政

---

① 此处指奥特在2008年出版的畅销书《崩溃已经来临》（*Der Crash kommt*），2008年由天津教育出版社出版中文版。——译者注

策所驱动的。"1989年，当日本的货币泛滥引发一场股市和不动产崩溃之时，施纳布尔正在日本读大学，这场灾难让这个巨大的工业化国家经济瘫痪达数年之久。一场类似的经济停滞将要在欧洲和美国上演，这正是这位欧洲中央银行批评家所担心的。

不过，关于股票市场和住宅市场是否正濒临泡沫，且各国央行是否必须采取应对措施加以预防，目前还存在争议。的确，德国大城市的不动产价格已经翻倍，但是"住宅价格在某些欧元区国家是过高了，但是并非普遍过高。欧洲央行不能为了几个德国大城市而调整其货币政策"。德国政府经济专家委员会经济"五贤人"之一彼得·博芬格如此分析。当不动产价格出现区域性上涨时，必须采取应对措施的是成员国政府，而非整个欧元区的中央银行。

经济"五贤人"成员之一、博芬格以前的同事沃尔克·维兰德却担心，政策可能不会奏效："西班牙在不动产危机之前曾做过失败的尝试。"这次尝试的结果是银行因为大量的不良住宅贷款而面临破产威胁，欧元区的伙伴国家不得不花费400亿欧元施救。"欧盟委员会自己也发出系统性警告，称德国不动产价格上涨过快，一个重要的原因就是偏低的利率。"维兰德认为，真正的风险在于不动产价格上涨过快而在某个时间点到达调整的拐点。

由于新冠肺炎疫情的出现，这种随时可能出现的风险正逐渐逼近。当住宅购买者、企业和银行失去收入且股市波动时，很多预期也会随之波动。然后，对于财政状况已经恶化的参与者来说，高价购买或者借贷购买的不动产、投机性股票或贷款计划就会突然显得过于昂贵。

可怜的租房客与岌岌可危的银行

各国中央银行的表现激化了不平等的政治风险，因为股票和不动产的收益至今主要还是只惠及富人。对此，法国专栏作家纪尧姆·杜瓦尔（Guillaume Duval）写道："欧洲央行的政策允许那些巨富获得巨额的资本收益，而与之相伴的不动产价格的攀升，则为那些缺乏资本的人设置了购买房产的门槛。同时，房价攀升也将租金推向高位。"

零利率还侵蚀了银行生意的核心——聚拢资金以将其放贷获得收益。德国大众银行主席玛丽亚·克拉克称："直到几年前，顾客要为其房贷支付7.5%的利息，而今天这个数字是0.4%。这对整个金融业来说都是威胁。"后果就是金融机构处于摇摇欲坠的危险中，以及出现信贷紧缩。被削弱的银行是国民经济所能指望利用的最后手段，新冠肺炎疫情的冲击之后，国民经济要想重振，还是要靠刺激投资。更加危险的还有，在诸多企业和一些国家负债累累之后，世界经济已经滑入一场衰退。

韩国人在学习厌恶冒险的并购

韩国顶级厨师金文（Mun Kim）每周会在炉灶边工作6天，并烹制酱鸭或者松露韩式拌饭。他会想到他的母亲，她开心地忙碌几个小时准备晚饭，因为晚饭是为她所爱的人准备的。金文在布宜诺斯艾利斯和慕尼黑开餐馆之前，曾效力于纽约华尔街，一开始他喜欢那里的工作，但后来却产生了厌恶。

"我的工作就是参与并购那些因为负债过高而被出售的公司，这在20世纪80年代和90年代非常流行。"他穿着黑色厨师罩衣，向我讲述道，"买家承担其并购公司的全部债务，有些并购方会炒掉一半的雇员。这种生意促生了金融危机，这事儿让我感到不舒服。"

金文辞去他百万年薪的工作，转而在一家寿司学校学习技艺，以寻找自己真正热爱的工作。他认为那段时期，他以前的职业领域，也就是建立在借贷之上的公司，并购导致的危险重重。但是在零利率时代，这门生意又变得生机勃勃了——廉价的资金让这种债务把戏起死回生。

低利率就像是免费的夹心巧克力糖，它们吸引普通老百姓、政治家和经理人去负债，但是账单随时会来。当不可预见的事情发生之时——比如新冠肺炎疫情暴发，偿付义务就不再能得到履行。

美国公司尤其喜欢负债，就像它们没有明天一样。而公司经理常常并不是将资金投入新产品，而是赠送给公司的股东。电信业巨头 AT&T 就在玩信贷的把戏，其贷款额比丹麦或智利的国内生产总值还要高。其财务总监自豪地解释称，他并没有利用零利率削减债务，而是用来购买本公司的股票了。这样做推高了股票行情，并将经理人的奖金推上了高位，但会使得公司处境更加岌岌可危。美国前 500 家大公司的贷款总额，比德国的国内生产总值还要高。

在零利率时代，大公司敢于再次铤而走险，而这使得金文这样的银行家感到恶心。通过债务来实现并购，在此之前几乎是没有可能得到融资的：无论是 AT&T 并购时代华纳，还是位于勒沃库森（Leverkusen）的化工医药巨头拜尔（Bayer）吞并具有争议性的草甘膦制造商孟山都（Monsanto），都是如此。前 100 家德国大型股份企业将其债务翻倍，总额超过了荷兰国内生产总值。1/10 的意大利股份公司被认为是僵尸公司，多亏有了低利率，它们才能苟活。在全球范围内，企业正利用宽松的货币政策，将其债务提高到了创世界纪录的 13 万亿美元，这个规模相当于整个欧元区的经济产出。

真正危险的是，所有这一切都集中在一场危机之中，就像这次由新冠肺炎病毒所引发的危机。疫情刚刚开始肆虐，评级机构穆迪公司（Moody's）就将高达 1740 亿美元的企业债券评为危险级。这些债券都是投机性的——贸易公司、汽车制造商及大型酒店的业务都消失了。高额负债让汽车租赁公司赫兹（Hertz）轰然倒地，投资者们曾将这家有超过 100 年历史的公司通过并购买下来，然后通过负债来融资，就像之前那些令金文无法忍受的交易那样，正是这些交易带来的债务，将赫兹置于死地。2012年，赫兹花了很多钱并购了一家竞争对手，其债务继续增长。于是当疫情暴发，少有人来租车的时候，这家高负债的企业在2020年5月宣告破产。

自2008年金融危机以来，各国不得不为银行家的投机买单，世界各地的国债也随之膨胀。但是一些政治家却并没有从中汲取教训，稳定国家预算：美国前总统特朗普滥用低利率，通过借贷而来的钱降税，来给经济注入兴奋剂。他的做法与里根的做法如出一辙，表面上好像是做了什么好事，其实不过是将这种负担转嫁给未来的世代而已。美联储发出警告称，债务大山是无法持续

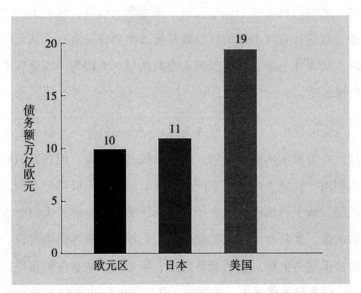

图9-1　2018年美、欧、日的国家债务额，欧洲负债相对较少
数据来源：欧盟统计局、国际货币基金组织

的；日本至今都在高额负债之下承受重压。

不过这些案例也显示出，一些对国家过度负债的警告是多么歇斯底里。因为这些警告在过去几年集中于欧元区，而尽管有欧元危机，欧元区的债务负担一直明显低于美国和日本。

新冠病毒与清算时刻

高额的国家负债在任何情况下都是有风险的，有时候这种风险在很长时间内难以觉察，直到出现一场无法预料的事件导致经济瘫痪。经济学家们数年来一直担心，这样的情况可能会由一场全球性的网络攻击或中东地区的一场战争所引发，或者因为美国特朗普政府具有攻击性的贸易政策导致世界经济衰退，从而引发危机。2020年春季，出乎所有人意料的是，它因为一场全球性疫情而被引发。

与金融危机不同，新冠肺炎危机完全是另外一种新的危机的模样。在金融危机爆发期间，金融系统出现动荡；但在新冠肺炎危机期间，经济生产和消费同时熄火。全球供应链四分五裂，工厂关闭，所生产的商品就少了。当商店关闭的时候，人们减少了购物次数。尤其在因为危机爆发、人们担心工作不保的时候，消费的情况就会更糟。疫情暴发之后，国际货币基金组织很快就预测说，世界经济将进入一场衰退，其程度堪与20世纪30年代的大萧条相当。

与金融危机不一样的地方还有：这次，亚洲无法将全球从经济低谷中拉出来了。尤其是中国，2008年金融危机期间，它曾经通过史无前例的经济刺激计划稳定了世界经济，但现在，中国可能自顾不暇。2020年，中国政府因为大规模膨胀的国债而缺乏应对危机的资金——这证明了高企的国债会在错误的时间成为麻烦。北京大学金融学教授迈克尔·佩蒂斯（Michael Pettis）曾预计，2020年春季中国的失业人数会达到6000万[①]，中国经济自1976年以来首次出现萎缩。

工业化国家为应对疫情出台了政府支出计划，目前金额已达到了8万亿欧元。现在，攀升的国家负债所导致的危险时刻正在到来。经济的崩溃及各国政府所推出的应对措施，让各国政府都付出了代价。国际货币基金组织预计，美国的国家债务仅仅在2020年就从其年度国内生产总值的约100%攀升到了130%。而在欧元区的问题国家意大利，其债务负担从135%攀升到了155%；在希腊，这一数字则从180%升到了200%。

由于这些巨额债务，投资者可能会对国家货币的稳定性产生怀疑。美元会崩溃吗？整个欧元区的情况会怎么样？人们会失去对国家货币的信任吗？

首先，几个重要货币之间的差异引人注目。2/3的国际贸易是通过美元作为世界货币在进行的，美国政府因此有理由相信，国

---

① 2020年3月时，中国的失业人口总数大约是4720万，并没有达到6000万。——编者注

际贸易的参与者会继续持有美元。另外，美国政府还会试图通过扩大货币支出来稳定美国经济，进而稳定整个美元区（Dollargebiet），而这个美元区正是由美国政府作为中央政府来完全操控的。

日本的国家债务增加到了其国内生产总值的大约250%，所以日本政府目前有着另外的盘算。与其他国家不同，日本政府主要向本国老百姓借债，而日本老百姓目前为止也保持着对其政府的信任。这种状态是否会持续下去，还得继续观察。相比其他国家的政府在国际金融市场上陷入重压不同，日本政府的担忧绝对要少一些，因为日元已经贬值了。

与美国和日本相比，情况在新兴国家那里看起来完全是另外一种样子：这些国家在经济上对新冠肺炎疫情几乎难以招架。投资者迅速从这些国家撤出1000亿美元的资金，而这些国家的负债往往也是以美元计算的。现在，这些国家的货币都要贬值——而它们几乎难以还上那些美元贷款。这场疫情在这些新兴国家成了持续的危机，从而还将长期对世界经济造成影响。

投到欧元上的，同样是恐惧不安的目光。意大利、希腊等国家早在欧元危机之时就已经陷入金融市场的重压之下了。在此期间，欧元虽然还可以依仗欧洲稳定机制（ESM）[1]来应付局面，但

---

① ESM（European Stability Mechanism），即欧洲稳定机制，于2011年3月的欧洲峰会上获批，由800亿欧元现金及6200亿欧元通知即缴资本组成，主要任务是在严格的前提限制下为成员国提供金融救助，并保持受助国国债的可持续性，同时提高受助国从金融市场自筹资金的能力。2012年10月8日，欧洲稳定机制正式生效。——译者注

是 ESM 的影响必然无法与有着中央政府的美国相提并论，因为美国中央政府是可以通过货币支出来稳定整个美元区的。因此，当新冠肺炎疫情暴发之时，从前的危机国家立即重新陷入重压之下。

在西班牙流感之后，人类近百年之久都不曾想到会遭遇一种肆虐全球的病毒。在这种极端情况下——就像在 2008 年金融危机中已经显示出来的那样，那些如此具有争议性的中央银行家所采取的行动成为优势，他们没有像 20 世纪 30 年代大萧条中那样，眼睁睁地看着一切变得更糟。美联储主席鲍威尔迅速将 2 万亿美元注入到美国经济之中，这是一个几乎难以想象的数字，其规模超过了西班牙和荷兰每年的国内生产总值。

就像在 2008 年金融危机中一样，相比美联储，欧洲中央银行的应对行动速度更慢。欧洲央行行长克里斯蒂娜·拉加德首先通过一则声明让局势更加不明朗，她声称，为了意大利的债务而压低利率并非她的职责所在。投资者们立即因此对欧元产生了怀疑。和金融危机之后有所不同的是，欧洲央行这次的行动速度相比美联储只是慢了几天，而非像之前那样慢了几年。拉加德很快就宣布了数额为 7500 亿欧元的债券购置计划——其规模超过了奥地利和丹麦每年的国内生产总值。投资者们再次相信，欧洲央行将会动用所有权力来拯救欧元，与马里奥·德拉吉执掌欧洲央行时期的"不惜一切代价"的策略如出一辙。即使是沃尔克·维兰德等对宽松的货币政策持批评态度的经济学家，也赞同欧洲央行的举措。

现代中央银行的激进主义在新冠肺炎危机中被证明是有利的。同时，这种极端情况也暴露出这种激进主义有哪些风险。风险的爆发，恰恰就是当这种激进主义已经长期存在之时。在危机的继续演进中，欧洲央行很难降低其主导利率，提供更加廉价的贷款，以刺激企业了，因为利率自德拉吉时期以来就已经位于零附近甚至低于零了。这种情况对于其他国家的中央银行而言，同样也是一个障碍，美联储前主席本·伯南克及加内特·耶伦（Janet Yellen）早在新冠肺炎危机之前就已经指出了这种障碍。对此，拉加德时期的国际货币基金组织前首席经济学家、法国人奥利维尔·布兰查德分析认为："货币政策的弹药耗尽了，但是当各国中央银行过于明确地说明这一点时，金融市场就会疯狂起来。"

通往未知领域的路上

全世界目前正在经历一场长时间的考验，考验的内容就是各国央行的"弹药"是否足够，其新近推出的大规模投入是否是其负担得起的。在新冠肺炎危机中，各国中央银行这些货币守护者突破了它们在金融危机中的做法。美联储购买了垃圾债券（Junk-Bonds），即质量低劣的债务证券；欧洲央行接受了将这样的债券视作抵押品；日本央行也接受了将私人贷款视作抵押品；而英国央行则干脆直接为国家融资。

即使是在这样一个未知领域，各国央行也照样不断推进债务规模。在2008年金融危机中，美国、欧元区、英国和日本央行已经将其资产负债表从占这些国家国内生产总值的12%吹大到了18%。新冠肺炎疫情之后，这一数字将从40%膨胀到2021年的60%；而瑞士央行则早在此之前就达到了120%。这种状态是国家可以承受的吗？还是说简直就是疯狂？

这场疫情意味着两点：

第一点是各国央行的主导利率及随之而来的储蓄利率还将保持在低位，比没有这场疫情所持续的时间还要长。要从这种廉价的货币政策中退出，就像美联储曾暂时执行的那样，还得等很久。和战争结束之后不同，疫情之后，利率往往会特别低。

第二点是各国央行通过其新近推出的金融刺激计划，已经将经济推进到了未知的领域之中，就像进入了一个未曾被发现的星球。人们将会遭遇什么？货币体系的这种紧急状态还没有被弄明白，因此也没有标注清楚的地图。

这种紧急状态长期来看，将有可能动摇人们对欧元等货币的信任。新冠肺炎疫情暴发之时，这个货币联盟还未将自己视为联盟，而仅仅是多个成员国的集合而已。各国政府立即扎紧了各自国库的袋子，并且无法就形成一个欧元区范围内的解决方案迅速达成一致。对此，作家哈维尔·塞尔加斯（Javier Cercas）分析道："当前所面临的巨大任务是跨国的，就像这场危机再次教育人们的那样。试图用民族国家的方式来解决这些问题，无异于试图用头撞开银行的保险库。"

塞尔加斯的评论让人想起，欧元区各国政府在2008年金融危机中，曾经拒绝通过大规模支出计划来走出危机。后来是德拉吉挺身而出，在2012年伦敦那场关于大黄蜂的离奇演讲的欢呼声中拯救了欧元，就在世界上最大的共同基金之一的经理能够证明欧元已成为历史之前。即使在欧元得到拯救之后，各国政府还是让欧洲央行形单影只。与其他中央银行一样，欧洲央行并非自愿将货币体系置于危险的紧急状态，它之所以采取行动，是因为政府没有采取行动避免其民众遭受损失。

现在，新冠肺炎疫情的暴发引发了一场针对欧元的终极博弈。欧洲货币（即欧元）仅仅侥幸勉强挺过第一次危机，这次，欧元能够战胜新的挑战，还是将会遭遇失败？在这片由各国中央银行推进的未知领域中，人们将会遭遇什么？谁最终会为各国政府出台的政府支出计划埋单呢？一个通货膨胀的新时代正在朝我们袭来吗？人们将会失去对国家货币的信任吗？脸书在新冠肺炎疫情的危急时刻宣布其全球性企业货币天秤币的计划，仅仅是偶然吗？

10

围绕欧元的终极博弈

新冠肺炎疫情暴发之后，欧洲原本被掩盖的各种矛盾随之显现。此刻，距离雅典人的抗议游行已经过去几年了，游行中所打出的海报上是被 PS 上了希特勒小胡子的德国总理安吉拉·默克尔——正是希特勒在"二战"中对希腊和几乎整个欧洲发动了突然袭击。2010—2015 年的欧元危机引发了欧洲的动荡，尽管欧元原本应该像欧盟一样维护欧洲的和平并力图消除战争，避免欧洲出现希特勒式的德国。

但是在欧元危机和现在的新冠肺炎危机期间，欧元工程再次提醒了一些时代同行者在社交媒体上的关系状况：这很复杂。19 个成员国所组成的货币联盟虽然便利了这 19 个国家的企业进行无限制的出口，但是这个货币联盟同时也需要有一个共同的经济政策。而欧元区成员国们在做出让欧元诞生的决策 30 年后，也没有在内心真正认同这样一个共同的经济政策。现在，新冠肺炎疫情所造成的冲击和那场打出带有希特勒小胡子的默克尔海报的危机一样，都威胁着欧元的生存。但是并非仅仅欧元面临着这种威胁，全球各国的货币都面临着各种巨大的问题。

没有政治联盟的货币联盟

与其他的国家货币相比，欧元面临一个特别的难题，即结构性缺陷。只有理解了欧元诞生以来这30年，由结构性缺陷所带来的种种后果，人们才会清楚要如何修复欧元。在欧元的问题上，至关重要的是如何完善欧盟的功能。

真正的推力出现在1989年铁幕降落之后，欧洲重新自我整合之时。德国在其发动的战争之后，于1945年陷入分裂，之后想要重新统一，而德国的诸多邻国却不想因为重新出现一个浑身肌肉的德国而承担危险。当时对德国问题的态度具有举足轻重的影响力的，是时任法国总统弗朗索瓦·密特朗（Francois Mitterrand），战争期间，他曾被纳粹强制做过苦力。对密特朗的态度，德国历史学家海因里希·奥古斯特·温克勒做了如下分析："密特朗看到其中的危险是欧盟有可能在德国重新统一后变成一个德国马克区，而这就意味着诞生了一个覆盖整个欧洲大陆的德国霸权。只有德国马克转而献身于一个欧洲的货币单位，那么密特朗才会坚信这种危险能得到消除。"

德国又一次要指望法国和英国来支持其统一大业。为了确保这一点，当时的德国联邦政府放弃了欧元需要一个政治联盟、一个中央权力机构的立场——就像美国操控美元的体系那样。假如必须有一个政治联盟，欧洲各个国家的政府就需要让渡其权力，而这是法国和英国所拒绝接受的。因此在德国，针对欧元的质疑尤其强烈。时任德国中央银行行长的卡尔·奥托·波尔（Karl Otto Pöhl）斥责道："你知道这些白痴在做些什么吗？"

开启一个没有政治一体化的货币联盟是危险的。没有通往政治联盟的进展，就会出现推行共同的经济政策的中央权力机构的缺位，而没有这样的中央权力机构，货币联盟的货币就会像19世纪时欧元的先驱那样土崩瓦解。在一个货币联盟之中，意大利或希腊再也不可以让里拉或德拉赫马贬值，以寻求面对其他国家时的经济竞争力。由于这条通道已经被堵死，因此需要共同的经济政策，来让意大利或希腊不至于丧失太多竞争力。

针对上述情况，欧洲央行首任首席经济学家奥托马·伊辛评论称："1992年签署《欧洲联盟条约》之时，几乎没有一个政治家的脑子里真正明白他究竟在做什么。欧元要保持稳定，欧元区的国民经济就必须按照欧元来做出调整。"1999年欧元问世之后，其发展一开始还挺顺利，但是祸患起于这背后。欧元所缺乏的正是能够推行共同经济政策的中央权力机构，而这一机构的缺位，导致了各个欧元区国家分道扬镳。

欧元问题1：廉价的债务

欧洲南部地区在欧元流通之前，由于高企的通货膨胀和相对昂贵的信贷，在经济上已经陷入停滞。在一家雅典的私人银行，当投资顾问延斯·巴斯蒂安（Jens Bastian）要求20%的利息时，前来贷款的建筑商们只能忍气吞声。但是当欧元启动时，由欧洲央行所确定的统一主导利率，大幅地降低了这些信贷的成本。巴斯蒂安对此形容说："负债一下子变得爽歪歪了。那些负债累累的国家成了榜样。"巴斯蒂安的顾客们现在想一下子拿到更多的贷款，用来购买汽车、度假、给孩子换到私立学校读书，自此，他们过上了北欧国家早就过上的幸福生活。南欧地区这些廉价的信贷导致了普遍滥用信贷的现象，制造出借来的繁荣，建筑热潮和大幅的工资上涨均随之出现。"人们提高了工资，就好像通过贬值本国货币能纠正这种情况一样。"对此，欧洲央行前首席经济学家奥托马·伊辛评论道。

《稳定与增长公约》中规定，欧元区各国政府的财政赤字不得超过当年国内生产总值的3%，但这一规定并没有遏止负债借来的繁荣。笔者2004年曾在《南德意志报》上揭露希腊多年以来存在统计数据造假问题，指出希腊本不应该进入欧元区，这一度成为全欧范围内的丑闻。但是德国和法国在此之前均曾略微超出《稳定与增长公约》中赤字的限制规定，并阻止了欧盟委员会的惩罚程序，因此它们也不想掺和希腊的事情。"对于欧元区其他国家而言，这是一次灾难性的先例。"克劳斯·雷格林（Klaus Regling）曾如此对我评论说，他自2010年以来就是ESM的负责人。德国与法国这种克制和保留的态度鼓励了其他国家摆脱限制，铤而走险。

与此同时，在欧洲缺乏一个中央权力机构，即由各成员国支持的欧盟委员会，来阻止这一切发生。希腊因此继续堂而皇之地向布鲁塞尔（欧盟主要行政机构所在地）报告其节约的财政预算。而当2008年金融危机爆发之后，希腊政府才被逼到墙角，突然爆出15%的财政赤字。雷格林对此认为："假如欧盟委员会拥有对各成员国预算的审查权的话，那么这一切就不会发生。"作为欧盟财政总负责人，他在希腊统计数据造假丑闻被爆出之后，曾徒劳地要求这样的审查权。当雅典2009年报告其创纪录的财政赤字之时，投机分子已经开始为这个国家的破产而下赌注了，欧元危机进而拉开帷幕。

欧元问题2：昂贵的出口

欧元危机的爆发不能仅仅归罪于南欧国家的政府管理不善，同样难辞其咎的还有欧洲北部国家基于国家利益而定下的政策，它使欧元呈现出南北相反的局面：欧洲央行的主导利率在通货膨胀明显的南部降低了信贷的成本；而与此同时，在通货膨胀不明显的欧洲北部国家，却让信贷变得更贵了。

"1999年欧元开启之后，德国深受其累。"奥特马·伊辛说。

因为欧洲央行的主导利率提高了信贷成本，并因此让投资变得昂贵，这导致德国出现了很多失业者。德国那时甚至被称作"欧洲病夫"（Kranker Mann Europas）。随后，德国采取了一系列措施，包括降低协议工资、降税及根据"哈茨4号方案"（Hartz Ⅳ）推行社会福利改革等，来提高其竞争力。

这种新的国家措施在欧元联盟中发挥了作用。因为欧元的存在，大众汽车、菲亚特汽车或标致汽车的价格对每一位顾客而言都是可比的，不用考虑货币汇率浮动。意大利或法国不再能够通过让里拉和法郎贬值来降低它们国家汽车的价格，从而弥补其产品的不足。

没有了外汇障碍，那些拥有诸多强悍企业的国家会比那些企业相对较弱的国家占据更大的出口优势，这就需要有一个中央权力机构来阻止各成员国各自为政。欧洲央行曾对这种各自为政的情况做出了预警，但是欧元区的政治家们对此充耳不闻。欧洲央行前首席经济学家伊辛讲述："在欧洲央行行长会见各成员国财政部部长之前，我们就通过图表向他们展示了各成员国工资成本的不同发展状况，但是对方毫无反应。与此同时，与德国相比，葡萄牙的工资成本上升了30%。"

欧元区最大的成员国德国达到了出口顺差的峰值，并因此将较小的成员国逼到了危机的边缘——它们一方面由于自身经济的千疮百孔，另一方面则由于全球金融危机的冲击，终于滑向了危机的深渊。

2009年开始，投机者就开始押注南欧地区。例如，他们用衍生品押注某国利率上升或某国破产。各国政府只好用巨额贷款来反击这种情况——而这造成了危机国和信贷发放国的针锋相对，也让欧洲分裂为南欧和北欧。这是借贷问题上一个很典型的机制：债务人感觉到处处受人管束，而债权人则感觉受到了欺骗。这场做空欧元的投机直到马里奥·德拉吉执掌欧洲央行并进行干预后才得以结束，但其副作用一直延续至今。

高悬欧洲之上的德国"黑零"

要解决上文提到的欧元区的问题，在政治上更令人满意、在经济上更有效的做法，是通过政府支出计划稳定南欧地区，就像凯恩斯在20世纪30年代大萧条之后制定的危机政策那样。美国在"二战"之后也通过类似的马歇尔计划为欧洲实施过援助。除了出台政府支出计划，还应该建立一个政治联盟，以产生一个中央权力来阻止欧洲国家的过度负债与过度出口。

在马歇尔计划实施之时，希特勒统治的德国要为战争承担责任的说法几乎已经被认为无关紧要。但是这一次不同了。虽然欧元因为欧洲北部国家的过度出口和南部国家的过度负债，已经摇摇欲坠，但是对欧元危机的管控与应对，还是在单一地按照以债养债的模式进行。凯恩斯式的支出计划并没有被采纳，取而代之的是欧洲北部国家要求南部国家推行紧缩政策，而正是推行紧缩政策让南部国家的经济跌入深渊，就像20世纪30年代大萧条时发生过的那样。

在希腊，游行中给默克尔画上希特勒的小胡子，就是出于上述原因——而在"二战"中正是希特勒对希腊人发动了突袭。除此之外，默克尔也作为一艘中世纪帆桨大战船上的统帅而引人注目，这艘大战船是由博物馆保管员瓦西利斯·巴卡利斯（Vassilis Bakalis）和他的朋友们建造的，用来呈现他们作为德国总理的奴隶的身份。巴卡利斯的月工资在危机中被削减了1/3，仅剩900欧元，他因此抗议说："我每天都在工作，但却养活不了我的家庭。"

北部国家拒绝向南部国家提供更多的支出，但它们自己在2008年金融危机之后却大笔花钱。通过短时工作者津贴、购车补贴等凯恩斯主义措施，德国阻止了经济的崩溃。北部地区向南部地区提供援助贷款时，将紧缩政策作为条件，显然是有其他的动机。许多北部地区的老百姓早就怀疑南部地区的人将会挥霍他们的钱，所以想用紧缩政策让这些债务国管住挥霍的手。

在这个过程中，美国经济学家卡门·莱茵哈特（Carmen Reinhardt）和肯·罗格夫的理论影响巨大。根据他们的理论，一个国家的经济在其负债超过国内生产总值90%的情况下，会陷入崩溃。据此，德国时任财政部部长沃尔夫冈·朔伊布勒（Wolfgang Schäuble）等政治家推出了紧缩政策。多年之后的事实显示，莱茵哈特和罗格夫失算了，但是对南欧国家所造成的损害却已经产生了。

在未来几年里，从第一场欧元危机中汲取教训并建立一个中央权力机构来保留眼下的债务，推行共同的经济政策，也还是有可能的。这样的政策意味着经济实力强大的国家要投入真金白银，这样它们才能改善基础设施，并通过让欧元区伙伴国的企业获得订单来推动这些伙伴国的经济发展。当繁荣的国家将目光越过国界去投资之时，它们才终于理解，欧元是作为共同的经济空间而存在的——在这样的经济空间中，国家基于自身利益所确定的政策将会损害巨大的整体。货币联盟具有与生俱来的不稳定性，因为像意大利这样的国家不能像以前那样将里拉贬值来降低其出口商品的价格了。解决不稳定性问题的出路在于，金融发达的国家的投资目光要超越国界，或者要资助伙伴国家的投资。

这可能就是某种形式的欧元区范围内的财政平衡，就像美国或德国基于国家利益正在付诸实践的那样。在那些地方，角色完全倒过来了：通过财政平衡的方式，早在20世纪50年代，工业化发展较好的北莱茵-威斯特法伦州就在补贴农业州巴伐利亚州，直到巴伐利亚州也成为德国的工业区；而到北威州开始推行结构性改革之时，巴伐利亚州又开始补贴北威州。

这样一种形式的财政平衡是符合整个德国的利益的。欧元推行并流通之后，货币联盟内部民众的平均年收入从2.1万欧元增加到了3.4万欧元。恰恰是对德国这样的出口型国家而言，欧元的崩溃将是灾难性的。新的德国马克相对里拉和法郎最高可能会升值40%——这样的话，很多的工作岗位就会被毁掉。

但在21世纪第二个10年，长期执掌德国总理宝座的默克尔没有通过投资来巩固欧元，而是通过其他手段继续在本国国内为南欧地区推行紧缩政策：她提出了无债务构成财政预算，也就是所谓的平衡预算（"黑零"），作为其政策的核心。从2014年到新冠肺炎危机暴发之前，她甚至在德国财政预算中制造出了盈余。钢铁一般强硬的紧缩激发了每个人内心深处的本能，让他们宁愿粗茶淡饭而非大鱼大肉。默克尔将这种本能化作了施瓦本地区的家庭妇女的形象——她们吝啬得恨不得一个格罗森①掰成两半花。②这样的政策就是错上加错——不管对于欧元还是对于德国本国，都造成了损害。

默克尔政府削减公共支出，裁减公共部门的人员，导致的后果就是国家所提供的服务恶化，公立学校、道路等基础设施则陷入破败。对这些基础设施，扣除保养费用后，国家已经有长达20年之久没有净投入了。经济学家莫里茨·舒拉里克认为，这就是德国极端右翼分子成功崛起的主要原因："民粹主义现在的猖狂并非意外。我们身后有30个针对国家的新自由主义式攻击，学校失序、警察短缺、火车没有不晚点的。"针对这些弊病，最好的解决办法就是将国家打造成民众所认同的庇护所，就像20世纪30年代大萧条时期美国总统罗斯福通过"罗斯福新政"所推行的做法那样。"当学校一切井然有序，国家警力充足且火车都准点运行，那

---

① 格罗森（Groschen）是德国马克时期的货币单位，1格罗森相当于10芬尼。——译者注

② "施瓦本主妇"也是一些媒体给默克尔起的绰号。——编者注

么民粹分子就没法对形势说三道四了。"

具有苦涩讽刺意味的是，默克尔所推行的紧缩政策还对处于低位的储蓄利率造成了压力。当国家要负债的时候，它就会打传统利率产品——储蓄的主意，但由于手里握有财政盈余，所以原本作为这些储蓄产品购买方的德国政府就退出了，储蓄产品的利率因此继续被压低。恰恰就是在德国，民众对零利率的怒火烧得最为旺盛。

针对上述问题，法国社论家纪尧姆·杜瓦尔做了如下评论："你们德国人有理由激烈批评欧洲央行的政策，这种政策让穷人和中产阶级的储蓄遭了殃，同时又抬高了不动产和股票的价格——不仅在德国，其他地方也是如此。其中的大部分好处都流进了有钱人的腰包。问题在于，要阻止这一切，改变这种政策，主要还得靠德国人。你们德国人再也不想这样了？很好，解决的办法就在于别再拿你们的'黑零'当神一样崇拜了。"

哈根·克莱默认为："如果国家负债，就会产生对储蓄产品的需求，利率也会因此向上攀升。"德国等国家通过负债，可以投资为老百姓和企业改善基础设施，与此同时也为其他欧元国家创造订单。这些支出不仅要顾及本国，而且要着眼于整个欧元区：这或许就是为欧元量身打造的"罗斯福新政"。

德国、奥地利、荷兰和芬兰这些负债较少的国家，本应该在21世纪第二个10年通过增加投资让欧元区的联系更加稳固，然而事实是另一番景象。仅仅在2019年，德国就积累了高达500亿欧元的财政盈余。

将这些钱花掉，原本是符合逻辑的：由于在金融危机和欧元危机中成为对投资者而言更加安全的避风港，财政强劲的国家从中大大受益，而且也因此在国债上少掏了腰包。仅仅是对于德国而言，自2007年以来，相比正常利率时期所要支付的债务成本，德国就节约了超过4000亿欧元，这比奥地利每年的国内生产总值还要多。至于德国等国家为何要错失稳定欧元的机遇，甚至连肯·罗格夫这样向来主张推行债务限制的经济学家都不理解："德国是为数不多的拥有长期投资行动空间的国家。这不仅对国民经济意义重大，德国政府也可以为解决欧元的一系列问题做出贡献。"

不仅没有投资，欧洲北部各国反倒让欧洲央行通过用廉价货币刺激欧元区经济的办法来收拾烂摊子。自2015年以来，欧元发展势头良好，但是欧元区的所有成员国都浪费了大好机遇，没有趁势继续往政治联盟的方向继续推进，而这一政治联盟原本在1990年弗朗索瓦·密特朗时期就应该诞生。欧元区成员国本来能够创造出一个中央权力机构，赋予其大权推出投资，阻止过度负债。但是它们错失了在下一场风暴来临前修复欧元结构性缺陷的大好机遇。对此，美国资金经理人默罕默德·埃尔-埃里安（Mohamed El-Erian）评论称："越来越紧密的联盟就好比是我们端坐其上的椅子，它应该有四条腿——货币联盟、银行联盟、财政一体化和政治一体化。但是欧元区却只有一条半腿，一个完整的货币联盟和半个银行联盟。"

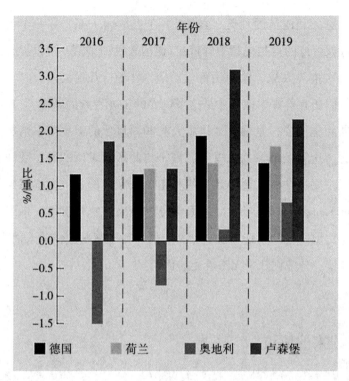

图10-1　2016—2019年，德国、荷兰、奥地利与卢森堡等国
财政盈余占其国内生产总值的比重
数据来源：欧盟统计局

　　欧元就是这样坐在仅有一条半腿的椅子上，迎来下一场风暴的——新冠肺炎疫情就是一场相当于20世纪30年代大萧条的危机。投机分子随即展开了针对南欧国家的猎杀，各国政府也很快基于本国利益来思考应对之策。为4.5亿欧盟公民准备的首份欧盟范围内的一揽子援助计划，资金规模只有首份面向8000万德国公民的援助计划的40%。当欧洲北部国家快速拒绝共同负债时，欧洲的南北分裂状态再次显现出来，包括抗议中的希特勒小胡子。

对此，意大利演员图利奥·索伦吉（Tullio Solenghi）在一个点击量超过数百万的自拍视频中骂道："德国人发动了第一次世界大战和第二次世界大战，他们用毒气室屠杀了 600 万犹太人。时至今日，他们还有着好像他们才是这个世界的王者种族的傲慢。"在第一场欧元危机中，紧缩政策让意大利和西班牙的卫生体系情况变得恶化，这导致疫情危机雪上加霜。与此形成对比的是，欧洲北部国家主要关注的是援助计划的费用。作家加博尔·斯泰恩加特（Gabor Steingart）警告道："国家债务像传染病一样扩散，摧毁了人们对货币系统的信任，使得储蓄贬值。对未来新生代的人而言，这意味着一种他们几乎无法承受的负担。"

为了未来的协议

欧元能否继续存在，并不会在 2021 年就尘埃落定，不过一条能够帮助欧元通过考验的路径将会显现出来。欧元区成员国必须从欧元的结构性缺陷中有所领悟并获得长进，并且必须领会到欧元作为共同的经济空间，成员国在接下来的几年时间内，在这个共同的经济空间中要共同承担新冠肺炎疫情的成本。只有这样，由新冠肺炎疫情所引发的围绕欧元的终极博弈，才能被战胜。只有这样，才能在较低的水平发挥货币联盟的积极效应，就像这些效应从很早以前就已经众所周知的那样——在德意志民族四分五裂的神圣罗马帝国时期，塔勒在 1566 年成为诸多小诸侯国的官方支付工具，而这一操作刺激了贸易的发展。

假如针对欧元可以成功达成一项长期的、有关新冠肺炎费用的协议，那么这份协议将会成为改革的典范，并进而为建立一个政治性的中央权力机构做铺垫。有了这样一个中央权力机构，就可以通过投资推进共同的经济政策，并阻止联盟内部出现一些国家过度负债，而另外一些国家最大化其出口盈余，并庆祝其紧缩性的财政。这就好像在欧洲出现了一个"汉密尔顿时刻"（Hamiltonian Moment），这一名称来源于美国首任财政部部长亚历山大·汉密尔顿（Alexander Hamilton）在1789年将美利坚合众国的权力收归中央。

德国经济"五贤人"之一阿希姆·特鲁格称："这一次所有国家都受到病毒殃及，但没有政府被批评，是由于政府的失误而引发了危机，就像其造成了过高的债务那样。"在这次疫情中，像在第一场欧元危机中那样单方面地将责任归咎到南欧国家头上，将是荒谬的。

欧元现在需要的是共同融资的重建计划。这样，投机分子就不会将投机的矛头对准欧元区成员国；这样，像德国那样实力强劲的国家的力量就可以得到利用。这样做之所以是合理的，是因为所有这些国家都能从欧盟的发展中受益，它们60%的商品都是出口到欧盟国家的。

通过这样一份复苏计划，欧洲能够长期稳定欧元，而且也可以稳定欧盟——这个从世界大战的废墟中诞生的和平联盟。假如欧元崩溃，欧盟也会受到威胁。

经济的团结和政治的统一，同时也是有效应对欧洲不断增长的民族主义浪潮的手段。假如没有这种手段，这场新冠肺炎危机将会强化民族主义的发展。对此，西班牙作家哈维尔·塞尔加斯写道："深度危机会造成恐惧，而民族主义则是一剂解药。但是在欧洲，民族主义的每一次强化所引发的冲突，都比那些招致民族主义兴起的矛盾严重得多。1929年的危机就是如此爆发的，它最后以第二次世界大战收场。2008年时之所以没有重演，也是因为当时的欧盟对民族主义踩下了刹车。"

新冠肺炎疫情绝不能毁掉已经注入到货币体系中的信任。欧洲可以通过一些长期机制，应对解决危机所造成的成本问题。这些机制对美国和其他工业化国家同样是适用的。

利率因为资产避险、老龄化和经济停滞等长期趋势，从根本上保持在低位，这给各个成员国带来好处。如此，相比早期的危机，如山一样的债务更容易得到融资。国际货币基金组织前首席经济学家奥利维尔·布兰查德的计算是适用的：假如利率比经济增长率更低的话，国家就可以举债，而不会在危险的水域中偏航。

莫里茨·舒拉里克指出，国家早就已经玩高额负债的把戏了，它们甚至在这个过程中繁荣起来。"在英国，19世纪的工业革命在一段时期之内之所以能够推行下去，就是因为英国当时的国家负债已经达到了英国国内生产总值的两倍。而在美国，'二战'之后的国债有一段时间与国内生产总值之比攀升到120%左右，但是这并没有妨碍其战后的繁荣。"

即使是在其他的情况下，债务之山也是一直可以得到融资的，因为投资者视国债为安全的避险之地——哪怕其利率并没有攀升。无论是2008年金融危机之后的德国，还是"二战"之后的英国，国债利率都没有攀升。温斯顿·丘吉尔（Winston Churchill）1940年在成为首相的首场演说中宣称除了"热血、辛劳和眼泪"，他没有其他可以贡献的，但实际上，他还贡献了债务。到"二战"结束时，英国的负债已经翻倍，非常危险地达到了国内生产总值的270%。但国债利率并没有因此攀升，也没有产生通货膨胀，引用了"热血、辛劳和眼泪"的5英镑纸币依然保持坚挺。这种现象在历史上常常能被观察到：1800—2011年的26起国家高额负债案例中，有23起并没有在相应的工业化国家中推高利率。

因此在当前的形势下，投机分子不会对一些欧元区成员国下注并且推高其利率，是至关重要的。如果欧元区能够通过新冠肺炎债务协议阻击投机者的话，高额债务就会因为经济增长而减少。当利率位于经济增长率之下时，即使当前的国家预算中有较少的新增负债，债务相对国内生产总值的比值也会降低。舒拉里克分析认为："利率与经济增长之间的差，是'二战'之后许多国家借以削减高企的战争债务的主要途径。只是那时国家只能依靠对金融系统进行广泛控制和财政压制才可能做到，而在今天，全球储蓄过剩和低利率几乎都是自动实现的。"

决定公共财政稳定性及因此而来的货币稳定性的因素，并非债务规模，而是融资成本与国内生产总值的比例。《纽约时报》的尼尔·欧文分析称，这种比例不可以过高。美联储主席杰罗姆·

鲍威尔等央行银行家所提供的方案是，通过较低的主导利率来压低这种融资成本，然后政府需要做的仅仅是通过凯恩斯主义的财政支出来保证国内生产总值再次增长。

"新冠肺炎疫情所带来的海啸一般的冲击，制造了债务浪潮。假如这些一波接一波的债务浪潮一直冲击企业和居民部门，经济和金融系统都将垮掉。因此，国家必须承担这些债务浪潮。"彼得·博芬格分析认为，"好消息是，大国能够没有限制地弥补这些私人部门的损失。如果另外的国家负债不是通过私人投资者来融资的话，中央银行可以购买国债来解决融资问题，而原则上，这样做是没有限制的。"

这就是用来长期应对新冠肺炎疫情债务暴发的第二条机制：靠各国中央银行来购买部分债务。

各国中央银行总归是要支持一揽子纾困救助计划的。假如美国总统向美国老百姓派发支票的话，这些支票最后要由美联储通过购买国债的方式来买单。遵循这个先例，各国中央银行就能更大规模地购买债务，平息疫情带来的冲击——因为席卷全球的疫情造成了一次历史性的意外事件。如果这些债务能够在各国央行那里得到平息，那么从这些债务所衍生出来的危险将会降低一些，各国货币也还能一直保持稳定。

这种形式的国家融资在2008年金融危机之后的债券购置中已经成了现实，但是这种做法具有争议性。应德国的要求，当年制定的《欧元公约》是禁止这种直接的国家融资的，这与盎格鲁-撒克逊国家的规定不同。以更长远的历史眼光来看的话，这种禁令是罕见的。

欧洲央行市场操作主管乌尔里希·宾德塞尔（Ulrich Bindseil）在其著作《1800年前的中央银行业——对中央银行业的翻案》（*Central Banking before 1800: A Rehabilitation*）中论证说，以前的中央银行，比如1401年开业的巴塞罗那的"交换所"（Taula de Canvi）、1587年在威尼斯开业的"里亚托"（Rialto），以及1609年的阿姆斯特丹的威塞尔银行（Wisselbank），都曾为国家提供融资。"那些长久生存的中央银行，看起来都是那些不去禁止社会利用中央银行的信贷好处，并且同时保证银行不受政府制约的机构。总而言之，历史证据所提供的结论是，国家债务的货币化不一定被视为邪恶。"尤其是今天的中央银行相比以前更加独立于政治，要比以前国王为了支付战争费用而将手伸向银行的时候更具独立性。

名为通货膨胀的幽灵

人们对由中央银行提供融资的做法存在一种担忧，即中央银行货币泛滥或将引发通货膨胀。但通货膨胀不会立即发生，因为在经济衰退中，与油价类似，其他商品的价格也会下跌。但是从中期来看，只要消费者再次开始更多地购物，通货膨胀就会出现。德国《商报》的弗兰克·维伯（Frank Wiebe）分析认为："最坏的情况就是可能出现一场超级通货膨胀。在德国，由于世界大战之后的历史经验，这种担忧深入人们的骨髓。不过事情绝不会走到那一步：假如经济再次增长的话，至多会在一段较长时期内出现物价的温和上涨，这样债务与国内生产总值就会重新回到一个合理的比例。"

自从进入20世纪90年代，随着全球化的推进，通货膨胀实际出现的概率是很低的。欧元发行以来，通货膨胀的概率相对于少有通货膨胀的德国马克时期其实更低。无论是互联网泡沫崩溃、2001年的"9·11"事件，还是2008年金融危机之后，通胀率都没有攀升。在过去数年，欧洲中央银行并没有实现其接近2%的通货膨胀目标——欧洲央行有活动空间可以控制稍高的通胀率，例如购买债券。

假如应对危机的成本——毫无疑问肯定会有——能够公平地分配到社会中去，那么更高的通货膨胀也是可以忍受的。对此，那些由于危机而获得更高市场份额或收益的社会成员，比如亚马逊公司等数字服务商或医药领域企业，应该需要缴纳特别税。至今都在最小化其税收负担的跨国公司，应该从总体考虑。另外，富人及之前受益于新自由主义政策数十年之久、并且在零利率时代额外从股票和不动产中获益的大公司，也应该为此掏腰包。

这样的措施在历史上是有先例的。"二战"之后，当时的联邦德国一次性实施了50%的资产征缴来照顾那些在战争中失去财产的人。通过这种负担平衡的方法，联邦德国成了"二战"后资产差异最小的国家之一。联邦德国对有资产者实施了教育，同时取消了其部分债权。"这是一个巨大的成就，这些措施使得投资得以进入战后重建和债务削减之中。"法国经济学家、畅销书作家托马斯·皮凯蒂（Thomas Piketty）在书中如此写道。在日本，这种方法也是奏效的。

新冠肺炎疫情的暴发关乎很多人的存亡。在疫情中，相比银行家，低薪酬的护理从业者和女性售货员被证明更容易受到系统的波及，疫情将开启一场新的向下的财富分配。贫富差距即使是在21世纪第二个10年不间断的经济增长期内，也没有减小。2000年以来，德国收入最高的10%的人群，其可支配实际收入增长了22%；而同时期，收入最低的10%的人群的实际收入，甚至比以前更少了。

假如继续忽视这种不平等，更多的对现实不满者就会被推向民粹分子的怀抱，而正是这些民粹分子在趁机攻击民主制度。

主要央行已经进入了完全未知的领域，其资产负债表规模已经是金融危机时期的3倍，风险一直存在。但是上述情况也是可以控制的。就像瑞士国家银行和日本银行所展现的那样，它们的资产负债表膨胀规模超过其国内生产总值的100%，但是这两个国家既没有出现通货膨胀，瑞士法郎和日元也没有承受压力。中央银行的大规模投入帮助国家在应对史无前例的新冠肺炎冲击时赢得了时间，使国民经济得以重新步入正轨。如此，经过许多年再将国家债务和央行资产负债表削减下来。

这一整套做法不会是什么容易的过程，其中隐藏着诸多未知的风险。前文所描述的经济机制和历史先例，展示了通向未知领域之路。各国政府和各国中央银行被巨额支出推进了这片未知的领域。它们大概能够绘出这片未知领域的首张路线图，靠着它通过这段危险的旅程，并将民众带往美好的未来。假如成功的话，尽管有新冠肺炎疫情的冲击，民众对国家货币保持信任也是理所当然的。

成功的前提在于，各国政府和各国中央银行共同进退来蹚这条路。在危机之前，各国政府往往让各国的货币守护者即央行保持独立，这导致央行冒险走得太远，并且催生出各种风险。现在，它们结成了抗击新冠肺炎疫情的联盟，在所有的工业化国家里，政府与央行都站在了一条战壕里。

尼尔·欧文在《纽约时报》中描绘了2008年金融危机之后，美国政府和国会在涉及支出问题时是多么犹豫不决，而在这次新冠肺炎危机中，美联储主席鲍威尔又恰恰是如何狂热地推崇增加支出。相比传统的角色设置，即中央银行的职责往往是警告政治家不要花太多的钱，现在，双方角色设置完全颠倒了。

工业化国家的政府和央行都应该组建一个抗击新冠肺炎疫情的联盟，即使新冠肺炎疫情将国家货币送往一条险途，人们也不必为其担忧了。

因此毫不意外，由于这条险途的存在，欧元和美元的对手也将继续向前推进。比特币等新的数字货币，正是在对现存货币系统的上一次冲击即2008年金融危机之后诞生的。由于新冠肺炎疫情所带来的诸多挑战，它们又嗅到了机会。

这个说法同样也适用于目前最具雄心勃勃的计划——2019年夏，脸书公司与其诸多合作者一起发布数字加密货币天秤币。在新冠肺炎疫情期间，即2020年4月，脸书公司宣布了其天秤币计划的最新设计，这绝非巧合。对比特币、天秤币和其他类似的数字货币，假如我们给予它们以发展空间的话，这些数字货币会将人类引向何方呢？

11

数字货币正在
攻击美元和欧元

哈拉德·塞兹（Harald Seiz）想向全世界展示，他已经功成名就了。塞兹在德国长大，他的母亲和外祖母都酗酒。他向德国《商报》记者透露，他后来做了吸尘器销售代理。不久之前，他开始在社交媒体照片墙（Instagram）上秀出他在直升机前的照片，以及他在兰博基尼跑车前的照片，并且将其姓名首字母印在车牌上。乍一看，这位曾经的吸尘器销售代理已经飞黄腾达了，这些照片所散发的光环，会惠及他的金融产品 Karatgold Coin（KBC）——一种据说有黄金支持的数字加密货币。数字加密和黄金——现代与稳定性合二为一，有这么完美的金融产品，投资者还想要什么？

世界改良家和跨国企业

数字加密货币的出现可以追溯到 2008 年金融危机之后。数字加密货币这种概念正是在金融危机之后诞生的——当时出现了一种名为比特币的现代货币，它完全不需要银行和国家。在投机银行自20世纪80年代以来将全世界带入最糟糕的经济危机并且各国政府对此袖手旁观时，这种想法听起来像是一个好主意。比特币是第一款无法被人触碰到的纯数字货币，其复杂的技术至今还被人津津乐道。

由私人而非国家发行的货币，早在19世纪末就已经消亡了，以国家货币为基础的市场经济盛行于各个工业化国家。但是2008年金融危机爆发，人们对国家货币的信心趋弱时，私人发行的货币获得了重生。此时，出现了一种既没有国家支持也无须银行的货币，它的出现就是冲着当时蔓延的情绪来的。现金遭到挤压——就像我们现在所看到的一样，不过那只是一个开始，数字加密货币继而更进一步：它们攻击既定的国家货币，并进而攻击国家的货币垄断权。

在危机时期捣鼓出新的货币是一个典型现象。在1923年的超级通货膨胀中，有德国人甚至用德国香肠作为基础价值，捣鼓出了新的货币。1929年德国股市崩溃之后，人们还试验过金融理论家西尔维奥·格塞尔的"邮章货币"，即定期盖邮章才有效的货币，据说这可以引导消费者花钱。

不过，比特币早已经跨越了之前那种小打小闹的阶段。数字货币自从能够获得惊人的价值升值之后，就出现了不计其数的模仿跟进者。当今世界上大约有接近3000种数字加密货币，这一概念吸引了完全不同的人物投入其中：有试图改造世界的人；也有像之前提到的吸尘器销售代理塞兹那样的家伙，企图通过向公众秀出兰博基尼跑车来证明他的飞黄腾达；还有像马克·扎克伯格那种不需要证明、大家都知道他功成名就的人。塞兹秀照片的平台脸书和照片墙就是扎克伯格的企业。虽然至今还没有一种数字加密货币能够大规模流行开来，但扎克伯格计划要大干一场：他推出的数字货币天秤币据他称将成为全球货币，全世界的人都可以借助智能手机使用它来购物。

比特币传教者的说辞与主张货币私有化的人是类似的，他们对银行和国家发行的货币大加抨击，将欧元和美元蔑称为"菲亚特货币"。他们意图传递的说法是，由中央银行所发行的现代货币是不可信任的——因为与以前的情况不同，它既非由黄金所构成，也不是由黄金来兑付的。

这些人认为，克里斯蒂娜·拉加德等央行银行家，正在对货币进行所谓系统性的贬值，并欺骗储户。"在和平时期，货币这个议题从未像今天这样引发如此多的不确定性。"哈拉德·塞兹在他的著作《货币的未来》（*Die Zukunft des Geldes*）一书中如此强调。该书的英文版很快也将面世。在许多国家，"大规模的现金限制早已经成了现实。直到昨天还是官方的支付工具，今天就会突然一文不值——即使是欧元区的货币，也难逃这一命运"。

正是因此，脸书发布了一款数字货币，因为银行会失灵——扎克伯格手下的一位经理如此宣称。加密货币之所以必要，是因为全球范围内有数十亿人没有银行账户或者无法获得完善的银行服务。"如果他们将钱数字化的话，他们的生活就将大为不同。"塞兹意图通过他的数字加密货币"改善所有人的生活"，而扎克伯格的目标则是通过天秤币"让数十亿人的生活更便捷"。

至少直到天秤币面世，数字加密货币针对欧元等国家货币的宣战才得到了人们的重视。之所以如此，是因为除了塞兹，地球上还有30亿人在使用脸书、照片墙和WhatsApp，而这些都是扎克伯格帝国中的应用程序。哪怕只有其中5%的人使用天秤币，其人数就将达到1.5亿，相当于德国人口的两倍。"智能手机上的数字货币是无法被阻挡的，未来我们可以在几秒内实现货币兑换，这将导致新的竞争。诸如天秤币这样的数字货币区将会诞生，这种数字货币更多地受社交网络的制约，而不是国界的制约。最终，脸书将会成为一家中央银行。"普林斯顿经济学家马库斯·布伦纳迈耶告诉我。这样的场景一旦出现，将会是对欧元、美元和其他国家货币的根本性攻击，这将是我们所熟知的货币的终结。

现在的问题是，从金融危机中诞生的数字加密货币是否像其发起者所许诺的那样，真正造福于人；总体上而言，它们是否会产生更多的弊端，比如欺诈或新的大规模金融危机。

中本聪神话与数字货币的变形

当比特币在2008年金融危机的混乱局面中诞生之时，它很快就被视为神话。究竟是谁发明出这种针对银行和国家货币的竞争者，至今仍然不清楚。发明者以中本聪（Satoshi Nakamoto）的名字发表比特币设计方案，其背后隐藏着一位据说是1975年出生的日本程序设计者。在中本聪的邮件里，他描述了一种电子支付系统，它将建立在加密程序算法的基础上，而非信任的基础上。他用程序算法取代对国家货币数百年之久的信任，并认为法定货币是不可靠的。当中本创造出第一批比特币时，他在这个区块上放了一条信息——英国《泰晤士报》关于实施第二轮银行紧急援助的头版文章标题。据此，中本清楚表达了他对现行金融体系的批评。

到2017年炒作的高潮时期，由中本聪个人开采的比特币已经价值近200亿美元，它们有超过10年无人问津，没有人用它们进行金融交易，价值数十亿的比特币就这样闲置着。直到今天人们还在竭力猜测，中本聪背后的势力究竟是谁。隐居幕后的是已经逝世的电脑游戏发明者哈尔·芬尼（Hal Finney），还是受到税务和欺诈指控困扰并且冒充中本聪的商人克莱格·莱特（Craig Wright），或者更加不大可能的，是特斯拉的老板埃隆·马斯克（Elon Musk）？

当比特币玩家在电脑上挖掘这种货币的新的枚数单位时，他们将这一举动称为"挖矿"，就像开采黄金一样。许多人之所以认为现代国家货币一文不值，就是因为现代国家货币不再坚持金本位了。

玩家通过计算机网络挖掘比特币。任何人只要在自己的电脑上装载了相应的软件，都可以成为这个系统的一部分。其支付记录将会被记入一种永久的数字账本，即区块链。这样的数据库并不仅仅储存在一台服务器电脑中，而是分散在全世界数千台电脑中。所有的支付记录都以加密的方式保存在一个没有尽头的数据链中，从中几乎不可以删除任何东西；同时，支付记录随时可以被查看。

金融交易的有效性总是需要通过成本昂贵的计算任务来检查，而这需要计算机有很强大的性能。比特币玩家相互为了计算任务的解法而竞争，谁成功找到了解法，就会得到比特币作为酬劳。通过这种方式，产生了这种新的单位货币。

这种计算行动会吞噬大量的能源，仅仅是生产新的比特币，就比900万奥地利人消耗的能源还要多。这一点常常遭到抨击。

由于几乎没有什么能够从区块链数据库中被删除的，因此它被视作是无法造假的。如果你想让一笔金融交易记录消失，比如当你把比特币转给别人的时候，你必须使用比很多玩家加起来还要多的算力①。"如果谁能控制那么大的算力，那么最好是去做矿工，合法地开采比特币。"德国著名IT杂志《C'T》的专家如此写道。

要知道一个玩家有多少比特币，需要知道他的比特币地址，

---

① 算力：也称哈希率，是比特币网络处理能力的度量单位。——编者注

但没有人知道隐藏在地址后的是谁。每个用户只要想，就可以为自己创建多个地址。因此，比特币的关键是玩家在拥有公共账户的同时，又能确保匿名性。无法造假且具有匿名性，但是不像银行或政府那样有中央权威来控制全部：这种理念，就是比特币的信徒认为比特币优于国家货币的原因所在。

信徒们也赞扬比特币的数量被限制在2100万枚，因为这将保证这种加密货币的币值稳定。大约每4年，比特币的数量就会因为金融交易而减少一半。大约在22世纪中期，2100万枚比特币就将被开采完毕。

区块链技术作为难以作假的数据库，毫无问题可以应用于诸多有趣的经济领域，远远超出货币范畴。问题是，其已在货币领域真实存在的应用，如比特币等，是否真的具有先进性。

如果通过区块链来完成支付，所有管理通常支付业务的银行职业都会被淘汰，所以这样做可以节约大笔成本。根据西班牙桑坦德银行估算，如果实现区块链支付，全球范围每年可以节约150亿~200亿美元。这样巨大的成本节约程度也吸引了脸书老板马克·扎克伯格，如果通过区块链将其社交网络上的数十亿用户连接起来，按下按钮的用户数量，就是人类历史上任何一家银行都不敢想象的。

照片墙上有一个视频展示了2019年9月哈拉德·塞兹登上舞台时，当时的公众是如何狂热地欢呼的。视频中，这位"50后"穿着黑色的西装，戴着白色方巾，像传教士一样张开双臂。塞兹的企业在老牌的阿姆斯特丹证券交易所上市，这一行为无异于宣布了金融世界的一场革命。塞兹提到，600年前，就在这个地区曾产生了欧洲第一家股票交易所。

不过第一家证券交易所并不是出现在阿姆斯特丹，而是位于比利时南部、距离阿姆斯特丹3个小时车程的布鲁日；在阿姆斯特丹所发生的是1637年的郁金香狂潮，当时那里的普通老百姓都相信通过投机能够轻松赚钱。不过在一个历史即将重现的时刻，谁会愿意明确地指出这一切呢？"我的目标是，在接下来的5～10年里为所有人创造更美好的生活。下一代的支付形式现在开始启动！"塞兹宣布称。

塞兹之前曾售卖过小单位的黄金并通过他的公司KARATBARS发行带有小金片的、名为幻想货币券（Fantasie-Geldscheine）的花式钞票。2018年开始，顾客可以订购在遥远的伯利兹（一个北美洲国家）的基金会正式发行的KBC。这种加密货币最初的价格是1～8美分，一年后涨到了12美分。2019年在舞台上，塞兹向那些将其产品推销给顾客的卖家赠送劳力士手表，为最成功卖家准备的特别奖更是令全场瞩目。展现在这位销售冠军的照片墙粉丝面前的奖品商标，是大家熟悉的——塞兹随即吼叫道："奖品就是一台兰博基尼！"

塞兹现在就是一个煽动者，他就像是雷曼兄弟的老板理查德·富尔德那样，在2008年金融危机之前向他的员工许诺要成为"肮脏的富人"。两人在表面上有时的确相似，但是在内容上，相比这位加密货币的传教士，富尔德与其同类更像反派——他们为塞兹们的使命提供了理由。

"在过去50年中，由于欧洲和美国出现的引发通货膨胀的货币数量的膨胀，我们的货币体系在很大程度上已经是脆弱而病态的了。"健康货币（Sana Mono）公司披露，"2008年9月，美国雷曼兄弟的崩溃已经成功发出了我们当前货币体系病态的第一个信号。比特币作为人为创造的世界货币，其目标就在于医治我们现有货币的疾病。"

好的货币具备三个职能：第一是价值尺度，第二是流通和支付手段，第三是贮藏手段。所有这些职能，欧元和美元这些所谓的"病态货币"毫无疑问都是具备的。商品以欧元或美元计价，即发挥其价值尺度的功能；欧元和美元是其各自国家和地区的法定支付工具，可以用它们来购买任何商品；并且欧元和美元在每年通货膨胀率低于2%的情况下保持其币值不变，在股票和不动产一类的货币投资中，它们会增值。

那么，数字加密货币具备所有三种职能吗？相比那些攻击国家货币的加密货币中传播最广泛的比特币自身所宣称的作用，欧元和美元承担得要更多。就像古代公牛和苦杏仁这样的交换物会死亡或腐烂，因而无法作为货币保存一样，这种反国家货币的东西，也有着严重的缺陷。

比特币目前只具备第三种货币职能。按照行情发展，它们能够充当贮藏手段。在阿根廷或委内瑞拉这样超级通货膨胀导致人们手中的官方货币飞速贬值的国家，它能最好地发挥这种功能。但是作为价值尺度，比特币这种加密货币还没有这种功能，毕竟目前几乎没有什么商品是以比特币来计价售卖的。作为流通和支付手段，比特币也几乎没法使用，只有在日本，它可以作为法定支付工具被接受。对了，在瑞士的楚格州，人们可以用比特币来纳税——不管你在这个避税天堂买了些什么，都可以。

一比特的垃圾：加密炒作

尽管加密货币无法像国家货币一样发挥作用，但它们自有追随者屈服于它们的折磨。"事情将会变得复杂，成为地狱。"瑞士金融作者马克·巴德彻（Marc Badertscher）谈到其购买以太币（Ether）描述称，"一旦买了加密货币，因为诸多费用，最终你得到的钱可能比开始时少。人们常常得等行情，有时不知道要等多久。并且你会问自己：我为什么要对我自己做这样的蠢事？答案只有一个：人们做这件事，是为了获得一种洞见，洞察在未来世界中重要的东西。"

全球范围内，2020年加密货币的市场价值轻轻松松就达到了4000亿美元。在一些城市如瑞士的苏黎世，人们已经可以在自动取款机上用瑞士法郎兑换加密货币了；在瑞士，有多家员工规模超过数千人的公司正致力于将资产价值数字化，那里已经有了一个按照硅谷模式打造的"密谷"（Crypto Valley）。瑞士政治家喊出的目标是：将传统金融强国打造成一个加密货币之国（Kryptonation）。自从比特币急剧升值，就如同塞兹的KBC所发生的一样，金融机构已经嗅到了商机。德意志银行宣布："相比传统的资产价值，加密货币有着诸多优势，因此越来越多的人将能够使用它们。"

加密货币的追随者将加密货币视为稀世珍宝。由于比特币被限制在2100万枚，因此和病态的欧元与美元不同，它具有抗通货膨胀的特性，其保值性与黄金类似。但是比特币的可持续价值到底体现在哪些方面呢？诺贝尔经济学奖获得者经济学家保罗·克鲁格曼（Paul Krugman）认为，比特币不存在可持续价值，"比特币缺乏一种关键的特性：现实中的立足点。尽管现代的美元并没有通过另外一种资产如黄金来兑换，但是其价值却可以通过其他某些东西来保证——美国政府接受其作为支付工具。其购买力通过中央银行控制货币数量来加以稳定，以此来阻止通货膨胀或通货紧缩的出现。相反，比特币没有内在价值。那么比特币是一个最终会以悲剧收场的泡沫吗？是的。"

德国经济学家彼得·博芬格将加密货币与一位名叫米勒的先生晚间与朋友玩游戏时赢到的游戏币做了比较。与米勒先生的游戏币一样，比特币无法流进企业的经济生产运用中，而正是这些企业为国家货币赋予了内在价值。与欧元或美元不同，没有商店必须接受比特币作为支付手段。一旦上千种加密货币将私人货币变成大众商品，即使比特币的数量被限制在2100万枚也无济于事。

由此看来，加密货币正是缺乏一个关键的、可以稳定国家货币的机构——中央银行，能够在紧急情况下购买货币或控制货币数量，来确保其免于崩溃。所有这些技术的空话及被吹嘘的相对于国家的独立，只不过是障眼法，因为私人货币有多少价值，基于其他人有多少意愿为其买单——而这是可以凭空得来的。

对此，博芬格写道："这种计算系统的复杂性对米勒先生而言是巨大的优势，即全部的根本机制被推到了幕后。因此米勒成功地为其无中生有创造的钱币找到了买家，这些买家愿意为这些游戏币花费国家货币。这种游戏币没有什么内在价值，但只要一不小心，它们就会行情大涨。就像童话中'皇帝的新衣'一样，只需要一个小小的契机，整个大厦也会轰然倒塌。"

2018年年初，当博芬格发表他的这些论断的时候，他是需要勇气的。当时比特币已经接近其历史峰值，几个月之内，这种货币的价格从不到1000美元攀升到了近2万美元，其追随者掀起了一股巨大的比特币热潮。哈拉德·塞兹也是在此时趁势抓住时机，推出了他的KBC。

这一年的发展历程证明了博芬格的论断是多么的正确。比特币从近2万美元跌到了3000美元，以太币一开始从不到100美元攀升到1400美元，随后跌到了不到100美元。投资者在几个月之内损失了数百亿的积蓄。

比特币让人想到了17世纪发生在荷兰的郁金香泡沫，那臭名昭著的"花园中的娼妓"。其价格崩溃之后，投资者陷入绝望，而那些自杀身亡者的归宿，就是为穷人和自杀者准备的公墓。哈根·克雷默相信，"比特币是过去的钱，而非未来的钱"。或许创造比特币的这种理念，就和1923年超级通货膨胀之时有些德国人意图用香肠作为基础价值来创建货币一样，是没有什么前途的。

国际清算银行将加密货币称为"泡沫和雪球体系的组合体"。努里尔·鲁比尼（Nouriel Roubini），美国少有的几位预见到2008年金融危机的经济学家之一，称加密货币为"所有欺诈之母"。其主要欺骗对象是金融知识为零的人——也就是那些连股票和债券都区分不了的人，他们陷入了狂热的加密货币的烟幕之中。一些招摇撞骗者利用机会向这些无知的人兜售比特币——鲁比尼称其为垃圾币（Shitcoin）。在韩国，有很多年轻人试图涉足加密货币领域。23岁的金航烨（Kim Hangyeol）是一名软件开发人员，她目前住在父母家里，晚上在线学习英语。她在比特币上的投机先是让她挣到了钱，然后她就几乎亏完了所有的钱。对此她说："普通年轻人在这个领域缺乏机会。我很惭愧，我反正是没法通过其他办法来弥补我的损失了。"

比特币粉丝们口中念念有词的咒语——加密货币在危机时是安全的避风港，并没有发挥什么威力，这在2020年疫情暴发期间比特币陷入崩溃的事态中得到了证明。对此，经济学家努里尔·鲁比尼专门在推特上发声道："比特币就是一桩肮脏的垃圾币投机。"英国央行行长安德鲁·贝利（Andrew Bailey）也警告称："如果意图购买比特币，你就应该做好损失你所有投入进去的钱的准备。"对比特币，有一则警句倒是经常出现在我们周围：比特币可以在几个月之内让其估值达到1万美元左右——也可以跌到0美元左右。

因为没有中央银行和政府的干预，赤裸裸的供给与需求使得加密货币的行情出现大幅波动，因为它无法提前得到控制。根据研究，95%的在比特币市场上的交易都是假的。美国金融学教授约翰·M.格里芬（John M. Griffin）和阿明·沙姆斯（Armin Shams）估计，一些投资者曾在2017—2018年的比特币投资狂潮中高度操控比特币行情。

脸书首席执行官马克·扎克伯格明白，巨大的价格波动阻碍了加密货币的实施。天秤币的设计方案中写道："现有的区块链货币的大规模使用受到其波动的阻碍，到目前为止，这种波动因此使其成为糟糕的流通手段。"扎克伯格因此意图将天秤币与欧元、美元等单个国家货币或一篮子货币挂钩，目的在于使货币波动尽可能小。

这种讽刺，人们得静静地品味一番：加密货币的出现，是为了扫除所谓的"病态"的国家货币，而数字加密货币天秤币，却恰恰要从这些"病态"的国家货币中汲取稳定性。

品行可疑

作为欧元和美元的对立面，加密货币在推出10年后仍在暗中苟延残喘。经济学者伊萨贝拉·卡明斯卡（Izabella Kaminska）在

《金融时报》上撰文称："波动性强的货币的魅力——其支撑无非就是投机者的信仰，仍将继续受限。"金融经济学家莫里茨·舒拉里克则认为："我们不需要加密货币。说到底，比特币是可疑的金融交易。"

然而，中本聪的创造却在发展过程中取得了巨大的"成功"。比如在南非百万人口大城市约翰内斯堡，黑客发起的针对政府电脑的攻击，让政府的电脑陷入瘫痪，然后黑客要求用比特币作为赎金。2018年的一个周日，黑客在韩国一家加密货币交易所窃取了30%在交易所交易的数字币，导致这些加密货币的市值损失了460亿美元。欧洲议会议员、金融议题专家马库斯·费尔博（Markus Ferber）观察认为："比特币的主要客户是毒贩和人口贩子。"

区块链分析研究公司Chainalysis分析研究了恐怖组织哈马斯是如何通过比特币来获得资金资助的。另外，在数字货币交易所中还发现有接近30亿美元的非法比特币资金。在奥地利，网络犯罪案件每年以两位数的速率增长，2018年，这一数字是2万件。在奥地利，警方通常的调查之一追踪资金的过程中，艾哈德·弗里斯尼克（Erhard Friessnik）等警察就遇到了障碍："给犯罪分子的主要支付方式是加密货币，因为这些加密货币虽然可以追踪得到，但我们不知道资金背后的主人是谁。"指望通过取消现金来消灭犯罪？当非法交易能够通过加密货币展开的时候，这实际上不过是幻想。

加密货币备受追捧，它吸引投资者进入法律管理薄弱的领域。在这个过程中，加密货币就容易与同情心相关的产品结合在一起。对Envion公司来说，这种产品是生态。这家初创企业从4万名投资者那里募集了1亿瑞士法郎，以使用生态电能生产加密货币。但是这家企业从未投入生产，瑞士的证券监管机构从一开始就将这个世界上最大的虚拟IPO之一评级为非法。

在鲁雅博士（Dr.Ruja）的案例里，这种同情因素则源于在牛津大学的深造。2016年，数千人在伦敦的温布利球场为这位保加利亚人欢呼，她之前因为德国阿尔高的一家金属铸造厂陷入破产。在《这个女孩在燃烧》（*This Girl is on fire*）的歌声中，这位30多岁的妖娆女子身着红裙，向舞台上大步走来。她滔滔不绝地讲述，她创造的维卡币（Onecoin）是"比特币中的杀手"（Bitcoin-Killer）。

之后一年，这位着红裙的鲁雅完全消失了，而且消失得无影无踪。司法机构认定这是一起庞氏骗局，只有首批参与者能够获益。投资者在这起案件中的损失可能超过40亿美元，这比时装销售企业雨果博斯（HUGO BOSS）的年营业额还要多。

在哈拉德·塞兹的案例中，这种同情因素是黄金。其宣称拥有一家"完整资质"的位于迈阿密的银行，旗下控制着一处拥有价值9亿欧元的黄金储备的金矿。"未来我们的支付系统将会是黄金。"这是2019年9月他向来到阿姆斯特丹证券交易所的公众喊出的话。塞兹那天专程请来了前足球明星洛塔尔·马特乌斯（Lothar Matthäus）前来助阵，马特乌斯接着塞兹的话告诉公众："最重要的是，你必须得相信这一点。"

对欧元和美元这样背后没有黄金支撑的国家货币，老百姓事实上是相信的。那么塞兹的"加密货币"呢？2020年2月末，他在照片墙上上传了一张他的照片，意图让全世界知道，他已经功成名就。这是一张他在一幢摩天大楼前的照片，配图文字写道："你获得成功的信念足够强大吗？"在他发布的这张图文下面，有一个叫伊西·阿斯瓦特（Isi Asvat）的人写了这么一段话："你们忘了吗？你们宣称100KBC可以兑换到1克黄金？99%的人并没有拿到黄金。"

早在塞兹虚张声势、高调出现在阿姆斯特丹这座发生过郁金香狂潮的城市的数月之前，纳米比亚中央银行就已经以庞氏骗局的名义对KBC下达了禁令。在这数月之前，美国监管机构已经对其展开了调查，因为其所谓的拥有"完整资质"的、位于迈阿密的银行，压根就没有相关执照。之后，德国《商报》记者在塞兹的办公室采访了他，他的办公室地面看起来是大理石铺设的，墙上挂着他自己的肖像。塞兹在采访中承认了高达9亿欧元黄金储备的鉴定是伪造的。《商报》的这篇报道写道："当他应当证明他参与了马达加斯加金矿的事宜时，他恰恰表现出了无助。他在一个巨大的显示屏上打开了一个法语文档，翻上又翻下，翻来覆去。这篇文档应该说明某个地方有一个属于他的金矿，但他不得不停下来。最终他说，他压根就不懂法语。"

12

**脸书的数字货币:
承诺与危险**

沃尔克·维兰德出任了一个非常关键的职位。这位法兰克福的金融学教授作为5位首席顾问，也就是德国经济"五贤人"委员会成员之一，职责是替德国联邦政府密切关注德国的经济发展。当这位曾效力于美联储的经济学家有机会对数字货币发表观点时，他的话是很有分量的。与大部分同事一样，他认为目前在数字货币领域的尝试并没有成功可言："比特币毋宁说已经辜负了我们寄予的期望。其价格处于剧烈的波动之中，一会儿急速攀升，但没过多久就会迅速下跌。"不过，维兰德认识到了其中巨大的技术潜力："区块链技术从根本上给我们去中心化的过程提供了一条路径，它可以让效率显著提升。"

对欧元与美元的攻击

有了区块链，国家终于可以"瘦身"了，德国自民党议员弗兰克·舍夫勒（Frank Schaffler）这样的自由派就是这么认为的："我们将会看到目前为止被定义为国家任务的中断。所有这些文档案牍之事，也就是我们今天需要国家或者需要由国家委托的机构做的事情，都将通过区块链或其他事物，被逐渐替代。"

欧元批评家舍夫勒提到了一位知名的新自由主义思想先驱——来自奥地利的诺贝尔经济学奖获得者弗里德里希·冯·哈耶克（Friedrich von Hayek），他在1976年的一篇文章中要求实现"货币的非国家化"，实现货币间的竞争——因为国家滥用其对货币的垄断权，制造了高通货膨胀。舍夫勒称："随着比特币和其他加密货币的出现，这种私营货币之间的竞争首次成为现实。我对此寄予厚望。在货币领域出现私营的更好的选择，让国家货币体系处于压力之下。"对欧洲央行等中央银行通过政策创生出的"糟糕"的货币，舍夫勒早在数年前就宣称："如果可以的话，明天我就会将欧洲央行解散。"

反对中央银行的立场，迎合了在西方普遍出现的反对既有机构和政党的情绪，右翼民粹主义者的崛起，更是加剧了这种情绪。法国的国民阵线（Front National）和意大利右翼民粹主义联盟党（Lega）都对欧洲央行、欧元和欧盟提出了质疑。英国人即将退出欧盟。美国前总统特朗普不仅放弃了在气候保护和自由贸易方面的国际共识，还攻击独立于美国政府的美联储，就好像美联储应该和他站在同一条战线一样。

脸书老板马克·扎克伯格正利用这种普遍的情绪，并将其用于其迄今为止最具雄心的计划，即与国家货币竞争并且革新金融体系。这份2019年6月首次发布的计划，比哈拉德·塞兹的"革命宣言"得到了更多的重视。仅仅是该计划的名称，就带有历史厚度——Libra，字面意思是天秤，即2000年前征服了欧洲部分地区的罗马帝国的重量测量器。直到近代，这个词在欧洲仍旧作为货币名称而广为流传——在法国被称作里弗（livre），在意大利则是里拉（lira）。英国人的英镑（pound）则是来自libra pondo，即罗马时期"1磅重量"的意思。英镑的缩写"lb"及英镑的货币符号£，都能让人想到这个意思。

天秤币将会引发货币体系的一场革命，就像中世纪末期，上意大利地区的商人遭遇现代货币经济时一样。德意志联邦银行董事会成员约阿希姆·乌姆林向我阐述："详细的设计方案目前还不清楚，但是在目前的情况下，天秤币在某种程度上能够对我们正在使用的货币形成挤压。私营货币总是败于发行者的贪婪，就像之前的王侯操纵货币，将白银掺兑进金币之中。现在的天秤币则能够达到一个完全不同的维度。"

天秤币的设计方案宣称："世界范围内的汇款应该和发送信息或图片一样简单和便捷，甚至要更安全。"通过天秤币来让货币交易更加迅速和便捷的理念是"激进的",就像设计方案所宣称的那样。它将首先给全世界贫困地区的数十亿人民带去福音,因为他们目前还无法使用金融产品或便宜便捷的金融产品。不过不仅是欠发达地区的人们受益,工业化国家的老百姓的日常生活也将会因为这种数字货币而更加简化,人们通过智能手机使用天秤币进行转账操作,就会像发送一张图片一样简单。区块链技术不仅能够通过加密确保账户安全,也能保证开放访问。而且正如天秤币的设计方案所言,去中心化的控制"不会让网络中的某一个单独的机构控制整个网络"。

马克·扎克伯格出生于1984年,19岁时从著名的哈佛大学休学,开创了大学生社交平台脸书。他以前的信条是"快速推进,打破陈规"(Move fast and break things)。有同学曾指责扎克伯格偷走了他们关于脸书的创意理念,但扎克伯格反驳了这种说法。今天,扎克伯格已经成为全球最富有的人之一。有30亿人每月至少会使用一次脸书、照片墙或WhatsApp,因此,扎克伯格的企业货币能够变成真正的全球货币。这份勃勃雄心彰显在其设计文件的字里行间,例如其中"据此数十亿人能够为满足其金融需求而信赖我们"等清晰表达。

不过对于一家已经发生无数数据丑闻,并且在社交媒体领域几乎占据垄断地位的企业而言,拥有一种全球货币,或许是其新的权力扩张方式。这一前景使很多人本能地感到恐惧。在多达数千万用户的私人数据落入臭名昭著的剑桥分析公司(Cambridge Analytica)之手,且这些数据在2016年被服务于特朗普这样的政治家之后，脸书不得不支付创纪录的50亿美元罚金。为了消除人们的疑虑，扎克伯格将这种企业货币用一片祥云粉饰，而这片祥云的成分就是慈善事业和谦逊的表演。

脸书表现得很谦卑，其正式宣称中，它不过是这种数字货币的众多创建者之一。天秤币是否真正如其设计方案中所宣称的那样，以"安全的区块链"为基础，"满足数十亿人的日常金融需求"？天秤币将由天秤币协会（Libra Association）——"一家位于瑞士日内瓦的独立机构"，距离加利福尼亚的脸书公司总部有14小时的航程——来监管。"脸书在其中没有什么特别的权力。"即使是用于支撑每一种特定货币单位的"由货币和国债所组成的金融储备"，也将被天秤币协会监管。

尽管有强大的机构如VISA、万事达、eBay或PayPal首先参与到天秤币协会中去，但扎克伯格的影响事实上将会非常大。当美国和欧洲的政治家和金融监管者批评天秤币的时候，那些机构逐渐离开了这个临时性的联合组织。此后，之前的伙伴对它们是否会回归天秤币的态度就不明朗了。虽然天秤币协会中仍然有不少组织，但是没有什么大的组织能够和脸书抗衡了。即使是被粉饰在祥云之中的设计方案，也在强调脸书的作用，就好像是高高在上的控制者想要确保没有人会挥霍浪费他的钱一样："在此期间，脸书团队在创建这个协会和天秤币区块链的过程中，发挥着核心作用……"

扎克伯格转向货币业务，是在遵循集团早在2012年上市之前就在讨论并长期谋划的战略。2014年，他就将支付公司PayPal总裁大卫·马库斯（David A. Marcus）招至麾下。马库斯为脸书开发出了P2P（个人对个人）支付应用程序，并担任区块链部门的领导人。

给穷人的机会

扎克伯格给天秤币所营造的祥云，还包括慈善事业。"全世界范围的汇款应该是非常简单和便捷的，甚至比发送一条信息或一张图片还要安全，不管你身处何方，从事何种职业，挣钱多少。"Libra的设计方案如此宣传道。在一次技术会议上，扎克伯格就因为这句"汇款如同发图片"的话而得到全场欢呼，听众们高举他们的手机，就像在一场流行音乐会上。未来就在这里！

不过，这位大富翁可能在此时把话说得太满了：用天秤币如何付款，目前尚不清楚。通过天秤币可能完成每秒钟1000次的支付，但考虑到VISA在相同的时间内能够完成2.4万次支付，而阿里巴巴已经达到了25万次的事实，天秤币无疑相形见绌。

但扎克伯格同时强调，对他而言更重要的不是更高的支付处理峰值，而是让人们能够更简单地在线购物。他提到，全世界范围内有17亿人压根就没有银行账户，但其中10亿人却有手机，借助手机，他们就可以付款了。

　　为了帮助全世界的穷人，扎克伯格引入了现代技术。到目前为止，人类还在使用20世纪所发明的工具，穷人借100美元要付出接近30美元的融资成本，跨境汇款则往往费用昂贵。比如当移民要将钱汇给家乡的时候，扎克伯格希望将费用降到原本一半的水平，这将会为其用户每年节约300亿美元。

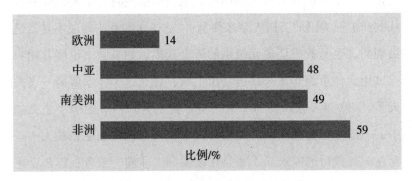

图12-1　2017年超过15岁无银行账户的人占总人口比例
数据来源：世界银行

　　扎克伯格所有这些计划目标之巨大，让他从即使看到其中危险的经济学家那里也收获了掌声。英国央行副行长乔恩·坎利夫认为："天秤币等加密货币揭示了我们当前金融体系低效的问题。比如在非数字化的金融世界中，跨境货币总是与高昂的交易费用联系在一起。"德国经济学家沃尔克·维兰德认为："一般来说，我们应该对新技术持开放态度，不应该一下子把一切都给禁掉。与天秤币将来能够实现的功能相比，比特币的问题不过是小菜一碟，它是一种很酷的创意理念，人们将会获得用稳定的货币来支付或挣钱。"这位金融学教授继续论证称："如果人们能够通过脸书这样的平台，在支付过程中获得比银行体系更便捷优惠的条件

的话，至少这是一件好事。这样，支付在非洲就会和在巴伐利亚
州一样随时可操作。尤其是在欠发达国家，这种情况可能会让人
们明显更方便地开展无现金金融业务。"

莫里茨·舒拉里克认为，天秤币能够让跨境交易的成本降低，
这在有利于全世界的穷人的同时，也会给那些将资金汇往欧洲及
从欧洲汇回美国的美国人带来便利。"这里所涉及的即使不是万亿
级别的，也是数千亿美元级别的资金规模。如果脸书说服其用户
尝试用天秤币而非通过普通货币汇款，那么这个体系就能一飞冲
天了。"欧洲议会议员马库斯·费尔博认为，西方的中小企业主
中——那些在高通胀地区或银行体系糟糕的地区做生意的人——
存在对天秤币的需求。不管是在南美洲、非洲，或者在巴尔干地
区、东欧地区，这样的需求恰恰都存在。

问题是，天秤币能够通过这样的方式真正帮助到多少人？比
如在那些没有银行账户的穷人身上，天秤币能发挥多大的帮助作
用？在世界银行的一份调查中，至少2/3的被调查者提出他们压根
就没有足够的钱来开一个手机上的账户；而在另外一些地方，加
密货币不是被禁止就是将要被禁止。

对于欧美用户而言，使用天秤币也是有问题的。是的，汇到
遥远国度的汇款能便宜些，但是舒拉里克指出："在国内支付中，
天秤币的优势就没那么突出了。在国内汇款本身就是不花钱的。"
这一点也适用于欧盟成员国之间的支付。

下一步，欧盟将会降低在其成员国之外的地区所发生的汇款

和提现费用，通过银行卡或信用卡进行境内支付，往往也不会花什么钱。因此，美国货币研究专家巴里·艾辛格林认为："对工业化国家，天秤币根本没提供什么优势。"因为那里的老百姓已经拥有了足可信任的货币，并且能够便捷地汇款了。

伟大的生意

或许扎克伯格的诸多承诺有些过于乐观了。他不是把他目前的核心产品诸如脸书等，也包装在由慈善构成的祥云之中吗？人们相互之间可以通过脸书、WhatsApp和照片墙联系起来，这的确了不起。然而，扎克伯格总是对他的社交媒体上所传播的前所未有的仇恨、假新闻和对民主的操纵沉默不语——比如2016年美国总统大选中对社交媒体上的舆论操纵。有关脸书的慈善事业是有争议的，但是有一个事实却毫无争议——它是一台独一无二的取款机。

脸书的员工人数仅仅只有大众集团的7%，后者是世界最大的汽车制造商，年销售汽车1000万辆。但是脸书2019年所实现的利润和大众集团相当，接近200亿美元。扎克伯格"快速推进，打破陈规"的理念曾为其广告业务打造了金灿灿的招牌，现在也给其货币计划投射来了一道不同以往的亮光。"我们相信，世界需要一款全球性的、真正数字化的货币，它将拥有全世界最好的货币的诸多特质。"这番宏大的论调也可以解释成其伟大生意的宣言。

2020 年 4 月，天秤币在不放弃其目标的前提下宣布了一系列变革（更多信息参见第十三章"如何阻止企业货币的推行"）。为了理解天秤币能够实现哪些维度，这里首先谈及外界对其 2019 年公开推介的基本计划的诸多反响。

全世界 40% 的民众每个月都会使用脸书等社交媒体，而他们所有人都会购买很多东西。那么，为什么不通过天秤币来完成这些购物呢？脸书目前每年在每个美国用户身上可以赚到 40 美元，天秤币能够增加这一数字，也能吸引更多的用户加入社交媒体，另外还可以吸引各地成熟的金融业务并纳入进来。到那时，脸书就可以按银行标准收取使用账户及汇款的费用，以及购物额 1%～2% 的信用卡费用——这块巨大的利益蛋糕目前由 VISA 和万事达瓜分。莫里茨·舒拉里克认为："如果脸书能够从中分一杯羹，它会乐于接受的。"

天秤币还可能会改变消费行为，银行分析师们赞扬道。就像目前人们可以用脸书账户来登录数百个和脸书毫不相干的网站那样，未来在各种形式的在线购物中，用脸书账户登录应该也是可能的。有了天秤币，脸书还可以吸引商家到其社交媒体网站上销售产品，并为它们提供额外的信用，就像亚马逊已经付诸实践的那样。

不可忽视的是，紧随脸书之后的还有其他科技巨头，它们的触角也早已伸向金融领域了。人们已经在用苹果支付和谷歌支付通过智能手机在商店付款了；谷歌正计划创建转账账户，苹果公司也像亚马逊公司一样提供信用卡了；在中国，腾讯集团和阿里巴巴集团都已集社交媒体、电商、支付服务提供商和银行金融业务于一体。通过推出支付应用产品脸书支付（Facebook Pay），脸书这家社交媒体巨头也已经将触角伸进了这里。而利用天秤币，它将会比其竞争对手更深入用户的生活。詹姆斯·麦金托什（James Mackintosh）在《华尔街日报》上撰文认为："一旦你购买脸书的天秤币，那么就相当于赋予了这家巨头印刷货币的许可。这可能带来疯狂的利润。不过相比脸书的宣传炒作，天秤币对用户来说并没有那么吸引人。"

天秤币的吸引力应该来自其确定性，即这种数字货币要比比特币更加稳定。客户的资金应该流入金融储备，比如投到政府债券中，但是用户从天秤币中却看不到任何关于利息的东西。这些利息跑进了天秤币协会的腰包。就算全世界只有1/10的居民及1/3的脸书用户用天秤币兑换10～50美元，在1%的利率下，协会每年的利息收益就有5亿美元。设想一下，假如全世界的移动支付都像中国一样普及的话，仅仅金融储备这一项，每年的收益就会高达20亿美元。

当然，金融储备利率可能会更低或更高。对此，麦金托什认为："假如天秤币对几乎所有银行的历史模式亦步亦趋，那么它可以把这些储备金用于更具风险的投资或发行没有储备的新币种。"不过到目前为止，脸书排除了这种方案，但是莫里茨·舒拉里克也从中看到了利润所在："真正有趣的是，如果脸书说：汇兑比将不再是1∶1而是1∶2，那么天秤币就创造了巨大的收益。而这些收益到目前为止都是由中央银行和私人银行所保有的。"

鉴于所有这些脸书及其伙伴可能获得的潜在收益，研究清楚其会给人们带来的潜在危险，看来是非常重要的。

对于许多人而言，一个显而易见的危险就是数据保护。美联储主席鲍威尔和德国财政部部长绍尔茨对此异口同声地表达了疑虑。与谷歌、亚马逊类似，脸书构建其商业模式的基础在于个人数据。作家乌尔夫·舍纳特观察后认为："脸书等社交媒体就是不折不扣的数据搜集者。它还想办法给我们提供对其他用户隐藏自己信息的服务，我们也总是会对我们的领导或父母有所保留，但这个巨头自己却可以一如既往地洞察一切，对这一洞察的限制却是不可能的。谁想使用社交网络，就得吞下苦果，让自己的数据处于可调用状态。不存在其他选择。"

如果能够了解到，谁会为了什么而使用天秤币的话，这件事看起来就异常地有利可图了。欧洲央行执行委员会委员、卢森堡中央银行行长伊夫·默施（Yves Mersch）分析称："上市公司只对其股东负责，一旦它们取得了获取私人数据的特权，它们就能滥用这些数据来赚钱牟利。"

虽然脸书已经许诺，将社交媒体上的数据踪迹与天秤币的金融数据踪迹分开，天秤币协会也宣称将保护用户数据的私密性，并遵守数据保护法规。但是这些宣传究竟有多可信呢？当脸书宣布将由瑞士数据保护机构对该组织进行监督时，这个机构表示这完全是出乎意料的，因为它并没有收到任何邀请。美国、澳大利亚、英国和欧盟的数据保护当局公开批评脸书的这个项目，因为它们不信任这家公司："我们中的许多人过去曾与脸书打过交道，之前该公司对数据的处理并不符合监管者或用户的要求。"值得注意的是，万事达的老板阿贾帕尔·辛格·班加（Ajaypal Singh Banga）提出，他之所以退出天秤币，也是因为数据保护方面的疑虑，因为天秤币方案的核心角色没有给他一个"避免不完全合法的行动"的强硬承诺。

至少数据在欧洲是适用相对严格的法律的。由于《通用数据保护条例》（GDPR），欧盟的数据保护达到了全球范围内最受重视的水平。然而，欧盟一位著名的中央银行银行家却表示："不能想象，一旦引入天秤币，这部法律足以应对。滥用数据的危险是很大的，因为这些数据供应者可以偷偷地搜集这些巨量数据。"瑞士作家亚历山大·特伦汀（Alexander Trentin）分析认为，脸书想通过天秤币复制微信支付的模式。微信支付是中国领先的支付服务提供商之一，而它了解其客户的很多信息。

欧洲议会议员马库斯·费尔博也不信任脸书公司，他表示："脸书的确已经说过，上传5点信息，我就能知道你的性取向。"费尔博担心，有了天秤币，脸书可能会变得像中国的支付提供商阿里巴巴一样强大。在与阿里巴巴的财务部门交谈后，他向我表达了他认为天秤币是不可靠的这一想法。"阿里巴巴是集亚马逊、脸书和PayPal三者于一身的巨头，它宣称其不良贷款是世界上所有银行中最少的。阿里巴巴比我的银行知道更多我的信息，它知道所有的数据：你的收入、手机套餐、保险、家庭情况等。'某先生，您想买一套厨房设备吗？您只能负担得起一套价格为3000欧元的。'"

犯罪与公司

马库斯·费尔博，这位德国基督教社会联盟的政治家，长期以来在欧洲议会专注于金融议题，在天秤币项目中又发现了其他危险："洗钱、恐怖主义、谋杀委托——这些普通老百姓只能从电视中知道的事情，都是可以想象的、可能存在的隐患。"问题在于，脸书和天秤币虽然知道客户的很多信息，安全机构却难以插手。如今要通过一个普通银行账户支付5000欧元或者汇款5000欧元的话，必须得出示身份证件，在国家的压力之下，这些金融交易不是匿名的。尽管天秤币承诺会强力打击非法活动，但这种非匿名性在它身上如何显现，还有待验证。与比特币类似，天秤币的流动是国际性的，监督机构难以检测它们究竟是否来自一个真实的人。"天秤币计划如何实施反洗钱的行动？"费尔博问道，"这样一种加密货币，生存基础当然就在于它不遵守某些规则。当你要通过你的脸书账户进行货币交易时，你并不需要什么证件。人们也可以开通一个假账户，甚至10个假账户。"

天秤币的拥护者在过去数月表现活跃，试图驱散对这项货币计划的巨大疑虑。比如马库斯·费尔博就试图向人们保证，要使用天秤币，仅仅有脸书账户并不够。天秤币协会正计划与有关部门通力合作，并共同制定出反洗钱、反诈骗及反恐怖活动融资的方案。

但是当天秤币协为了服从相关法规而识别用户，就可能威胁到数据保护，因为它也可以将这些对用户的认知用于商业目的，麻省理工学院的阿历克斯·彭特兰（Alex Pentland）如此警告道。天秤币的运营者是有能力精确跟踪用户的："这些数据可以用于脸书目的明确的广告业务，也有利于刑事侦查，但同时也能够以前所未有的规模实现人口控制：天秤币知道用户在何处停留，并对他们的金融交易一清二楚。对于政府管理部门而言，确保这种权力不会被滥用，的确是一项真正的挑战。"

天秤币有多安全

天秤币用户损失资金的危险有多大？马克·扎克伯格已经从比特币及其同类产品的行情动荡中汲取了教训。因此，天秤币将由安全的金融储备与有价证券予以支持。但问题是，天秤币真正的安全性究竟有多少。詹姆斯·麦金托什2019年在《华尔街日报》上曾撰文警告称："与在使用普通银行账户或现金的情况下有所不同的是，用户使用天秤币会遭遇因欺诈、管理不善和破产造成的损失。天秤币的创始者们拥有令人恐惧的用心：如果这些储备金可以被管理，就会产生资本损失和现金收益。他们收取收益，而由用户承担损失。"纽约的法学教授凯瑟琳·皮斯托（Katharina

Pistor）警告称，天秤币的创始人能够以超过2/3的多数做出决策，将钱投到更有风险的地方而不是安全的政府债券中，然后就会面临损失风险。

那么，一旦诸多投资者突然失去了对天秤币的信任，并且将他们持有的天秤币换成国家货币，又会发生什么？与欧元或美元拥有中央银行支持法定货币不同，天秤币是没有这套体系的，这可能造成天秤币用户损失很多钱，而天秤币协会不会插手解围。"参与的公司中没有谁会因此真正损失什么。"凯瑟琳·皮斯托批评道。

另外，甚至连用户能否重新用天秤币拿回他们的欧元或美元，都是没有保证的。天秤币的操盘手们写道："每个人都高度确信，他可以将其数字货币以某种浮动汇率兑换为当地的支付货币。"那么什么叫"高度确信"呢？德意志联邦银行董事会成员乌姆林警告称："对于天秤币用户来说，最大的危险就是他没法重新拿回他的钱。"而马库斯·费尔博则评论称："所有问题的根源在于，如果所有人都想将钱重新换回来的话，谁能最终负责？脸书可以提供这么一个担保，但是如果这个担保不起作用，相比普通老百姓，犯罪组织更能承受这种冲击。相反，就欧元而言，最终承担责任的是欧洲央行。"

假如天秤币真的成为一种全球性知名货币，各国的中央银行将会遭遇强劲的挑战。它们将无法再通过其货币政策控制一个国家的经济，因为有一种新的竞争货币占据了巨大的市场空间。假如中央遭到削弱，整个国民经济都将受到威胁。与接受天秤币相对应的是，中央银行通过欧元所掌握的影响力将会下降——欧洲央行执行委员会委员伊夫·默施警告称。天秤币将会让货币政策失效，并葬送欧洲的国际地位。

各国政府也将会受到挑战。奥地利经济学家吉多·谢弗（Guido Schaefer）分析称："假如政府听任私人货币体系大规模出现，那么就相当于它们将货币主权的基本要素拱手让出。"美国经济学家肯·罗格夫认为："在这场争夺中，重要的并非仅仅是货币印制中的收益，毕竟国家管理经济及征税的能力才是至关重要的。"

来自《华尔街日报》的格雷格·伊普（Grep Ip）等市场自由派传播的信息是，相比国家货币，天秤币这种企业货币更稳定，因为这当中既不会发生储户的疯狂挤兑，也没有过高的债务等国家不当行为。不过其他的经济学家却担心，天秤币将会引发下一场世界末日式的金融危机。假如成为全球货币，天秤币将以其巨大的金融储备成为全世界最大的投资者——但也伴有各种风险。英国《金融时报》的拉那·福罗哈尔（Rana Foroohar）分析认为："天秤币将会让热钱更容易在全球范围内循环流动，它不仅能够产生地区性金融泡沫，也会制造全球性泡沫。"一旦用户的信任消失，大家都想拿回钱，那么我们这个星球就会陷入动荡。英国央行前行长马克·卡尼（Mark Carne）已经将其与2008年的金融危机做了比较。有些像沃尔克·维兰德这样的人也是这么看的，他们一方面觉得天秤币是个很酷的想法，另一方面又发现："如果用户的信任消失，且投资者从脸书账户拿回他们的资金，就会出现剧烈的波动。担心出现一个巨大的玩家来威胁金融稳定，并非毫无理由。"

一位声誉卓著的女性央行行长曾告诉我："假如系统面临崩溃的威胁，天秤币是无法拯救的。"这时出手干预的，最终又得是各国央行，换句话说，就是那些所谓导致货币病态的机构。在利润流到天秤币创建者的口袋里之后，央行却必须出手干预。这位银行家认为："风险分配不应该是这样的。天秤币一旦成为一个全球性的支付体系，那么如果它哪里出了问题，就会直接造成一个全球性问题。假如问题出现，这将远远超出我们目前对这种问题的认知。"

综上所述，谁将会占得上风呢？是现存的货币秩序的守护者们，还是有着利润追求的数字化巨头？经济学家彼得·博芬格语带讽刺地分析认为："天秤币当然是脸书公司一项宏伟的商业模式。制造出这种天秤币对他们来说不费吹灰之力，但却可以卖出好价钱。有了这种商业理念——我认为不过是将毫无价值的东西卖出好价钱的理念，夫复何求？"

13

如何阻止企业货币的推行

那是冬天一个寒冷的日子，当脸书公司的说客去拜访马库斯·费尔博之时，这位基社盟的政治家已经接待了很多说客的拜访了。1965年出生的费尔博已经在欧洲议会任职超过25年，经历了世事纷繁变化：1999年欧元发行，2001年互联网泡沫破灭，2008年爆发全球金融危机，2010—2015年爆发欧元危机，以及2020年爆发新冠肺炎危机。2008年金融危机几乎尚未过去，投行巨头高盛的一位傲慢的说客就对他发号施令：现在无论如何都不可以破坏美国银行的业务。对此，费尔博的回答是："对我而言，您就是《星球大战》里的达斯·维德①！"在他参与给银行制定更严格的法律时，他已经领教过金融机构的手伸得有多长了。他在政府方面的对手、英国财政部经济事务秘书，曾作为投资银行家从事过多年的相关工作。

---

① 达斯·维德（Darth Vader）：著名电影《星球大战》系列中的主要角色，在《星球大战》正传三部曲中是重要的反派角色。——编者注

费尔博经历丰富，但是像扎克伯格的代表这样强硬固执的说客却是少见。在长达数周时间里，他们都在催促费尔博确定一个见面时间，直到费尔博敲定于 2020 年 1 月 15 日 10:30 在斯特拉斯堡的欧洲议会中心约见他们。在费尔博位于 11 层的办公室里，外面的温度计显示的温度是 8 摄氏度，而在办公室里，这两位说客一直在试图让费尔博对天秤币产生热情。他们竭力宣称，要使用这种货币，一个普通的脸书账户是不够的。这位欧洲议会议员之后向我形容称："那两人对整件事情非常认真。"

脸书的妥协

当脸书公司因为天秤币被调查之后，为该公司游说的说客们就变得温和多了，他们宣布将会对费尔博妥协，并在他们 2020 年 4 月一份新的设计方案中正式宣布了这一消息。在这份文件中，除了作为货币篮子的天秤币，还设计有另外的以 1∶1 的比例模仿某个地区货币的天秤币，也就是说，会出现区域性的欧元天秤币、美元天秤币及日元天秤币等。这样对于用户而言，就可以避免货币波动了。费尔博称："他们有监管上的巨大压力。"

2019 年脸书的天秤币计划公布之后，大西洋两岸的金融监管机构都提出了它们的疑虑。在听证会上，美国参议员布拉德·谢尔曼（Brad Sherman）就斥责称，马克·扎克伯格的目标客户可能更多的会是"毒贩和避税者"。欧盟各国财政部部长不希望在洗钱、恐怖主义和新的金融危机等风险消除之前，给这种数字货币开绿灯。经济学家莫里茨·舒拉里克分析估计："政界将会捍卫国家的货币创制垄断权，这样做是有理由的：我们在金融危机中已经看到了货币政策与实体经济是如何紧密联系的。"在其他大公司宣布退出天秤币计划之后，移动通信提供商沃达丰（Vodafone）也宣布退出，而原本借助其支付服务，天秤币可以在非洲更容易地传播。之后，看起来天秤币大概根本就启动不了了，或者即使启动，也要受到严苛的限制。

另一方面，马库斯·费尔博等金融专家警告称，对天秤币这样的企业货币的监管并不是那么容易的事情。因为它不像现有货币的纯粹支付系统，天秤币并非纯支付系统，不像苹果支付受很多规则的约束，而这就可能涉及消费者保护和数据保护的问题。"相比美国，欧洲更容易受到操控。在立陶宛，轻轻松松就可以获得一张虚拟银行的许可执照，在马耳他，获得银行执照和博彩执照都很容易。"一种没有地域关联性的货币同样也没有那么容易加以禁止。即使奥地利和意大利可能会禁止天秤币，但要如何阻止老百姓使用他在国外购买的天秤币呢？

自从2008年金融危机以来，在全球范围内拥有业务的银行遭遇了更严格的法律监管。德意志联邦银行董事会成员约阿希姆·乌姆林警告称："从根本上来说，天秤币就像银行一样提供服务，但是却又不是银行，人们也无法像监管银行那样监管它。这种平台企业货币与我们所知道的所有货币截然不同，创建这种货币的企业平台脸书在美国，而这种货币是在瑞士被创造出来的，一些国家的金融机构会花这些钱，而且这些钱应该在世界某地的脸书账户里。这就好像一家汽车企业将车载电缆放到捷克生产，将刹车装置放到西班牙制造，而将车灯研制放到意大利，但没人看得到整台车的模样。"

正常运作的国家货币具有三大职能：价值尺度、流通和支付手段，以及贮藏手段。脸书公司解构了这些职能，并将部分职能安到了自己的企业货币身上。"对天秤币，我们无法拿对货币的经典理解来理解它。这就是颠覆，正如诸多数字巨头在其他领域所推动的颠覆那样。"乌姆林做出如此的分析，这位德意志联邦银行董事会成员要求有全球性的规则和机构来对天秤币这样的数字货币进行监管。英国央行副行长乔恩·坎利夫对此表示赞同，他说："我们必须首先知道，这种新货币的风险是什么。这并非简单的事情。由于新技术将会跨越国界发挥作用，我们需要有密切的国际合作。"但是全球工业化国家在这个问题上会相互理解吗？像美国前总统特朗普这样的政府首脑正激烈推行民粹主义政策，并摧毁诸多国际组织，在这样一个时代，国际合作又要如何实施？

在长达数月杳无消息之后，脸书在新冠肺炎疫情之中迅速为天秤币做出调整，其中包括给天秤币一个强有力的资本缓冲器来缓冲风险。新的内容包括：将会出现脸书此前向费尔博宣称的欧元天秤币、美元天秤币等区域性天秤币；另外，按照脸书公司发布的新的29页的设计方案，将会出现"针对洗钱、恐怖活动融资和犯罪的强硬标准"。时任天秤币协会常务董事的贝特朗·佩雷茨（Bertrand Perez）解释称："现在，针对监管的许多疑问和担心都有了强有力的回答。"在打击洗钱、恐怖分子和黑客的问题上，"相比传统的金融体系，天秤币将会更好地发挥作用"。除了设计方案的调整，脸书还想在人员配备上获得加分。其举措就是天秤币协会任命了英国银行业巨头汇丰银行（HSBC）的斯图尔特·利维（Stuart Levey）担任协会主席。除了任命了来自瑞士信贷银行（Credit Suisse）的斯特林·戴恩斯（Sterling Daines）担任首席合规官，将来还会有其他来自传统银行领域的经理人被招入麾下。

所有这些新的调整，都是为了打消人们的疑虑，即数字货币会主张非法活动并挤压国家货币的空间。新的设计方案宣称"我们的愿景从来都不是要和国家法定货币形成竞争"。值得注意的是，脸书公司为了安抚监管者，将欧元和美元等强势货币称为法定货币（Fiatwährung）。反对国家货币的人斥责这种"法定货币"是不靠谱的，因为与之前由黄金构成的或由黄金兑换的货币不同，法定货币根本就是无中生有创造出来的。

尽管脸书做出了妥协，舆论对天秤币的批评声仍然一直很强。德国左翼政治家法比奥·德·马斯（Fabio De Masi）判断，脸书公司正试图利用新冠肺炎危机所带来的不确定性："脸书的数据强权对我们的货币体系而言将会一直是个系统性风险。"这家美国巨头企业——与苹果或阿里巴巴等巨头一样，具有成为强势的影子银行的危险。德国财政部部长奥拉夫·肖尔茨（Olaf Scholz）解释称："我们将不会允许私人性质的世界货币大行其道，货币发行的垄断权必须牢牢掌握在国家手中。"

脸书试图通过调整天秤币的设计方案来克服国家层面的阻力，并首先在瑞士申请运营许可——那里的政治家计划将瑞士打造成加密货币之国。"天秤币的操盘手打的算盘是：天秤币将会灵活地在瑞士启动，那里的政治阻力小。"德国《商报》记者菲利克斯·霍尔特曼（Felix Holtermann）分析称。根据这些操盘手的说法，或许在瑞士得到许可运营后，天秤币压根就不需要另外申请欧盟的许可证。但是如果欧盟许可证也是必要的话，这可能就不是一个无法克服的阻碍了。德国基民盟的政治家和区块链专家托马斯·赫尔曼（Thomas Heilmann）认为，必要的话，这家科技巨头将会自己收购一家欧洲银行，以满足所有的运营方面的要求。

扎克伯格在笼络美国政府

毫无疑问，马克·扎克伯格将会大力投入游说力量来打破针对天秤币的阻力，脸书历来就习惯于不达目标誓不罢休，无论是在宏大的计划上还是在小计划上，一贯如此。在以高达数十亿美元规模收购Instagram和WhatsApp等竞争对手的案例上，它就是如此果断，与此对比，反垄断机构的疑虑反倒姗姗来迟。脸书这种桀骜不驯的作风在对待用户时同样如此。事实上，这家科技巨头公然在法庭上宣布该公司无法理解德语法律判决，并要求给予翻译，以此来摆脱诉讼者。但同时，脸书在奥地利、瑞士和德国拥有4000万用户，对这些用户，它提供的当然都是德语信息。

的确，自从因为掌握数百万美国人的数据而被指操纵2016年美国大选以来，脸书一直处于压力之下，各地的政治家们都在呼吁，要求限制这家数字巨头的权力，不过其业务几乎没有受到什么损害。德国《经济周刊》记者托马斯·库恩（Thomas Kuhn）分析："扎克伯格可能会从辩论中变得更强大。他将对数据保护者们做出一点妥协，但这丝毫不会破坏其商业模式。扎克伯格坚信，数据保护对大部分用户而言没有那么重要，他已经多次在问卷调查中调研了这个问题。在为其社交媒体所做的辩护中，他将其称之为反对钳制私人言论的堡垒，甚至承认了脸书将成为政治假消息平台的指控。在经济上，脸书的事业蒸蒸日上。美国最具声名的数据保护专家之一戴维·卡罗尔（David Carroll）称，脸书是'一个凌驾于许多国家政府及其监管机构之上的机构'。"

几乎没有一位美国知名的政治家会去挑战这家社交网络的"言论自由权"，因为有1/4的美国人是通过这家公司获取政治信息的。多位总统候选人已经花费超过1亿美元在其网站上登载竞选宣传广告。

扎克伯格比以前显得更加自信了。据《华尔街日报》的观察，公司中偏离其方针的人都会被他踢出公司。他告诉投资者，脸书并没有明确传达其观点，"因为我们担心不被人们所喜欢。但对下一个10年，我的目标并非被大家喜欢，而是得到理解"。根据知情者的消息，在新冠肺炎疫情期间，扎克伯格参与了一场声势浩大的宣传，以此来改善公众对脸书的看法。在新冠肺炎疫情导致广告收入减少后，新的货币天秤币将会带来新的收入。"脸书成为支付服务提供商后，从每位用户身上得到的利润将会明显提升。"约格·朗（Jörg Lang）在股市在线（Börse Online）网站上写道。为了其全球帝国的扩张，扎克伯格认为创造企业货币是无法放弃的计划，为此他不惜巧妙地向美国政府献媚。

2019 年，脸书对美国政府的游说支出达到了 1700 万美元，超过其他几乎所有公司。扎克伯格试图有目的地接近多变的美国前总统特朗普，特朗普对这家科技巨头从根本上持怀疑态度，并曾批评过脸书。在与特朗普的一次会面中，扎克伯格恭维特朗普，称其在脸书上比全世界其他任何政治家都受欢迎——特朗普因此在此后一再地拿出这个说法自吹自擂，对脸书的后续攻击自此也销声匿迹了。在另一家社交媒体巨头推特（Twitter）开始标注发布的消息可能是煽动性的时，扎克伯格立即宣布，他是不会在他的社交媒体上干这样的事情的。对此，脸书的数百名员工罕见地公开表示了抗议。

早在 2019 年秋天，扎克伯格就已经毫不掩饰地宣称，其企业货币将会与美元紧密挂钩，这样，天秤币就可以弱化全球其他国家货币而强化美元。目前 2/3 的国际贸易是用美元来结算的，强化美元，自然正中美国政府下怀，因为美元作为世界货币，目前正遭受前所未有的质疑，俄罗斯、印度、巴西、南非及中国等新兴国家正试图推行去美元化的措施。舒拉里克分析称："全世界都要仰美国货币政策的鼻息，但是美国却对它自己之外的其他国家漠不关心。美国用美元廉价地借债，共同引发了 2008 年全球金融危机。而通过美元，美国人却可以祭出制裁的大棒，向全世界施压。"

　　全球对美元的愤怒由来已久。法国前总统戴高乐（Charles de Gaulle）早在20世纪60年代就对美元的主导地位感到反感了，美国财政部前部长约翰·康纳利（John Connally）则以其特有的傲慢，对美元占据主导地位表示了庆祝："美元是我们的货币，但却是你们的问题。"时移世异，今天的形势变得严峻了，欧元诞生之后，首次出现了一个值得美元认真对待的对手。1970年以来，美元作为国际储备货币的份额从80%跌到了60%。

　　如果天秤币能够助力美元巩固其国际储备货币的领先地位，那无疑会讨得美国政府的欢心。因为那样一来，美国政府就可以继续为其因为新冠肺炎疫情而急剧增大的债务大山便捷优惠地融资了。美国政府因此不仅能够牢牢抓住全世界最重要的实体货币——美元，还能一箭双雕地控制住最重要的数字货币——天秤币。同时，它还喜获一种新的施压手段：美国政府可以拒绝政府和投资者在天秤币和美元之间的兑换要求。

　　不过，马克·扎克伯格并没有仅仅打美元牌。他也警告美国政府，假如没有天秤币的话，美国最害怕的对手中国就会超过美国。扎克伯格对美国国会解释说，中国正在迅速采取行动来启动其国有的数字人民币。"天秤币首先会与美元挂钩，并在全世界扩大美国的金融领导地位和其民主价值观。"扎克伯格狡猾地论证说，假如中国的数字人民币占据主导地位，那么形势就将会比他的企业货币占据主导还要糟糕。

这句暗示征服了美国国会。21世纪初，"中美国"时代已经一去不返，现在中国对美国而言是争夺全球主导权的头号竞争对手，美国正通过史无前例的惩罚性关税打压中国。由于新冠肺炎疫情的出现，中国在地缘政治上变得更加强大，当中国迅速战胜了国内的疫情并在国际上进行各种援助时，美国却表现得力不从心。美国政策咨询专家伊恩·布雷默（Ian Bremmer）分析判断："2001年'9·11'事件及2008年金融危机之后，美国的领导地位从未受到质疑，但是在新冠肺炎疫情之后，情况就不一样了。"

2014年以来，中国政府一直潜心研究数字货币。它先后在深圳、苏州、成都和雄安新区做了数字人民币的试点工作。借助现有的移动支付体系，这种数字货币的试点测试地区很快增加。在这个过程中，对于政府而言，重要的或许是技术的飞跃，或者是高达数十亿元规模的收入来源，或者是用来反对美元的一款武器，也或者兼而有之。中国国家主席习近平曾在一次演讲中发出号召，中国应该抓住区块链技术所提供的机遇。

扎克伯格的暗示之所以产生作用，就是因为有其他人提醒美国政府要警惕中国的发展。例如德意志银行相信，人民币将会威胁到美元的独特地位；货币研究专家肯·罗格夫则吹嘘说，与其与中国的数字货币合作，不如与天秤币合作。

因此，华盛顿长期以来拒绝与其他G7国家一起扼杀天秤币，就不足为奇了。关于这一点，美国财政部前部长、银行家史蒂芬·姆努钦（Steven Mnuchin）曾宣扬称："我对脸书计划创造一款新的数字货币没有什么意见。"

在美国政府的帮助下，脸书的企业货币在全球扩张的前途大好。格雷格·伊普（Greg Ip）在《华尔街日报》上撰文称，货币发行将不再由国家垄断："加密货币将会打破国家的垄断。脸书将能够借助天秤币取得成功，创造一个事实上的中央银行。有时候为了打败一个垄断者，是需要出现另一个垄断者的。"

其他数字公司已经在排队了

假如天秤币自己错失机遇怎么办？或者形态萎缩，不能再充当货币了怎么办？

即使天秤币失败了，对国家货币的攻击仍然会到来，因为其他数字巨头早已经潜伏在左右了。阿里巴巴、谷歌、亚马逊及其他公司早就已经突入了货币业务领域。通过智能手机和苹果支付、谷歌支付等应用程序，几秒钟之内就能在收银台完成支付。苹果公司已经推出了一种信用卡，谷歌也在计划推出它的信用卡，亚马逊公司几年前就推出了小额信贷服务。在中国，数亿人通过手机而非现金支付。阿里巴巴和腾讯等巨头都是集电商、社交媒体平台、支付提供商和银行金融服务于一体的，脸书正在筹划的数字货币在此时就是合乎逻辑的下一步。

行业专家泰勒·温克莱沃斯（Tyler Winklevoss）和卡梅伦·温

克莱沃斯（Cameron Winklevoss）——这对兄弟曾指责扎克伯格从他们那里窃取了脸书的创意——预测，在未来几年内，每一家美国数字巨头都将实施这样一个数字货币项目。他们的预测绝非孤例，华尔街分析师汤姆·李（Tom Lee）也预计其他科技公司将跟随脸书的步伐。大型互联网公司都在参与创造新的货币形式，这证明"数字货币不会再次从舞台上消失"。

比如，根据知情人士透露，亚马逊公司多年来一直在潜心研究自己的企业货币计划。任何访问 amazoncoin.com（亚马逊币网）网站的人，即搜索"亚马逊的数字硬币"的人，都会转而登录到这家在线巨头的主页上。该集团也提前预订了 amazoncryptocurren-cies.com（亚马逊加密货币网）的网址。对于集团首席执行官杰夫·贝索斯而言，亚马逊币将实现一个梦想：尽可能多地推进从产品制造、产品购买、物流交付到支付的价值链创造。在这样一个闭环系统中，亚马逊以外的公司只需作为服务提供商参与其中——也许很快就不再需要了。

上述闭环的实现将代表亚马逊商业模式的完成，据说贝索斯曾在一张餐巾纸上画过它。

"贸易、支付和信贷，在那里你有几乎完整的价值链，阿里巴巴集团已经先行一步了。"马库斯·费尔博分析说。在中国，各个巨头也在考虑自己的企业货币。阿里巴巴的中国竞争对手腾讯集团正在投入一个项目组对此进行研究。一位该行业的观察家分析："鉴于腾讯集团发布的关于区块链技术的白皮书，该公司在潜心研究自己的企业货币也并非不可能。"

未来如果某一家企业要发行企业货币，也具备相关的便利条件：西方许多老百姓针对既有政治制度及其下设的中央银行持一定的反对态度，这将会有助于新货币的传播。这种反对态度可以理解，它往往源于人们对收入停滞不前及全球数字化时代文化高速变迁发展而产生的挫败感。进入 21 世纪以来，德国收入最高的 10% 的人群，实际可支配收入增长了 22%，而收入最低的 10% 的人群获得的可支配收入比之前还要少。

相比右派人士，左派对这种挫折感的表达要更少。很多人抗议，反对的是欧元救助政策与低利率。受民粹主义者的煽动，更多的人正在反对移民。他们中的一些人可能热衷于反国家货币，正如年长的自由主义者弗里德里希·冯·哈耶克在 1976 年所概述的那样："最终拯救文明的唯一路径就在于从政府手里收回货币权力。我希望，我能够对此建言献策，缓慢推进计划，但时间可能不多了。"

同时，新冠肺炎疫情的深远影响也有助于私人货币的发展。一旦由疫情导致的衰退让货币体系的紧急状态加剧，主动权就会悄无声息地转到企业货币的手中。一旦存款利率大范围地跌入负数，储户们将会更快地转而投入天秤币这类数字货币的怀抱。

企业货币将会给一家企业带来什么？这可以从脸书的天秤币的案例中看得清清楚楚。这些场景对等其他数字巨头同样适用。

脸书会如何变成双重巨无霸

企业发行企业货币的目标必然在于人们基于企业货币来考虑价格，而不再是基于法定货币。另外，天秤币及其竞争对手所推进的项目，通过储备金，已经在有些国家成为政府债券最大的持有者，从而获得了向政府施压、获得政府让步的资格。德意志联邦银行董事会成员约阿希姆·乌姆林告诉我："可能会存在依赖关系。"

乌姆林还在私人货币中看到了另外一个目标：一家公司可以因为有了企业货币而成为居于统治地位的数字巨头。"在欧洲，没有什么数字平台是占统治地位的。亚马逊、谷歌和脸书相互竞争，这也是一件好事。在其他国家，形势的发展正在走向垄断。有了天秤币，脸书就能够在一些国家的数字领域整体上到达领先的位置。我想，这肯定是这家企业的目标。"

脸书和谷歌在它们所在的领域获得全球范围内的成功，建立在网络效应的基础上。使用脸书社交媒体或者谷歌搜索引擎的人越多，就会吸引更多的人使用这条数据高速公路。与为汽车服务的高速公路不同，这里的人再多也不会造成交通堵塞，于是脸书和谷歌公司在社交媒体领域或搜索领域慢慢地淘汰了它们的竞争对手。增长到一定的规模后，其竞争对手就变得无关紧要了，它们成为独占统治权的专制者，让所有人敬畏的巨无霸。

脸书正利用其在社交媒体领域的垄断，通过企业货币进一步占领新的领地。德国经济学家汉诺·贝克（Hanno Beck）和阿洛伊斯·普林茨（Aloys Prinz）分析预计："天秤币拥有成为新的巨无霸的潜力，因为货币也是依赖网络效应的：一种货币用的人越多，那么其对参与者的价值就会越大。这种关键性的规模，拥有数十亿用户的脸书肯定是有的。一旦这种新的数字货币创建起来，其他的基于互联网的支付系统很快就会无法与之竞争抗衡。由于这种双重的网络效应，天秤币就会具备世界货币的功能，脸书也会因此成为社交媒体和数字货币的双重巨无霸。"其他的货币要么适应，要么消亡。

这将是一种令人恐怖的未来场景。民众应该挺身而出，限制企业货币的影响力，不管它是由脸书还是其他公司研发推出的。在这样一种货币能获取人们的数据、人们的融资情况及人们的整个生活之前，他们应该挺身而出。他们有权利这样做！

民众与国家能够做什么

威尼斯商人马可·波罗在13世纪游历中国时，见识了太多他在西方没有见过的奇珍异物——陶瓷、煤、眼镜片和火药。最令他惊奇的应属纸币，一种元朝皇帝忽必烈命人用桑树皮为原料制作的纸钞。但忽必烈却发现，他的臣属宁愿使用珍珠、铁饼、盐或黄金等传统货币。为了实现纸币的推广，忽必烈汗将这些人统统处决了。

扎克伯格、贝索斯等人是没有这种随意处置追随者的权力的，尽管他们的权力很大。与忽必烈的臣属不同，民主体制下，公民是有自主选择权的。没有什么人必须得使用企业货币，每个人都能够反对吹嘘金融体系革命一类的营销话语。

北美、欧洲及亚洲地区的居民本就拥有正常运作的货币。相比企业货币所具有的危险，美元、欧元和日元等传统货币偶尔出现的问题显得微不足道。欧洲议会议员马库斯·费尔博认为："企业货币所能提供的东西，我们并不需要。企业货币意图提供给我们的，我们并不想要。"

对企业货币，人们还可以做些如下重要的事情：支持本国政治家对私人货币进行严格的监管。鉴于欧洲出现的坚决抵制浪潮及美国暧昧不清的态度，企业货币发展的形势目前并不明朗。现在重要的是，对各个巨头推出的企业货币予以监管，不要被它们的游说给玩弄欺骗了。

对于数字货币而言，确实存在一个越来越大的市场。对此，人们要如何应对？有一条会解决很多问题，同时将抵御企业货币攻击的王道——各国中央银行应当自己发行其货币的数字版本。瑞典中央银行——17世纪出现的全世界第一家中央银行，多年来一直在从事数字瑞典克朗（e-Krona）的研究。全世界范围内，目前有50家中央银行在开展类似的项目。

各大经济协会目前正要求发行本国的数字货币，以摆脱对信用卡公司和数字公司的依赖。德国财政部部长奥拉夫·肖尔茨认为："数字欧元的出现，对欧洲金融地位和欧洲与世界金融体系的连接而言，都将是一件好事。"美联储理事莱尔·布雷纳德（Lael Brainard）将国家的数字货币论证为外化的天秤币计划；国际货币基金组织副总裁张涛认为，全球经济正在进行一场革命——各国央行必须创新，以求不会在这场革命中显得可有可无。

当然，推出数字化的中央银行货币同样面临阻碍。通常，人们要使用数字货币就必须在央行保有账户，因此，防止洗钱和其他非法活动的发生对于央行而言将成为新的任务。另一方面，央行还必须保护公民的数据；私人银行有可能会因此丧失许多业务。不过，所有这些都是可以解决的问题，没有理由因为这些问题而排除数字化的国家货币。美国普林斯顿大学经济学家马库斯·布伦纳迈耶要求："中央银行应当为人们提供电子现金。要么由中央银行来做这件事——要么就由科技巨头来接管一切。"

归根结底，至关重要的是，私人的企业货币最终是赢利导向的，而国家数字货币则要确保提供给人们的钱能够获得他们的信任。自从5000年前苏美尔人使用舍克勒银币，以及3000年前吕底亚人使用第一批金币以来，货币经历了无数次的发展演变。300年前，西方国家开始发行由中央银行支持的、更加稳定的货币，这为工业化发展和历史上首次大规模繁荣奠定了基础。人们不能简单地为了赢利导向的企业货币而牺牲这种进步。

　　现存的国家货币所存在的缺点，如低利率，可以通过广泛地投资股票和不动产来进行弥补。然而，政府必须帮助人们进行多元化投资，并通过补贴，使得各个阶层的老百姓都有能力投入可观的资金。政府还应该为那些想使用现金的人保留现金，并制止无现金支付服务商的数据滥用。而且，政府必须要防止企业货币劫持我们的经济。

　　1787年，詹姆斯·麦迪逊（James Madison）与其他美国的开国元勋就《美利坚合众国宪法》展开辩论，麦迪逊选择了以对货币的信任作为衡量人们是否能普遍信任国家机构的标准，因为政府只有保证货币的有效运转，才能证明自己值得广大人民给予它支持。

　　这是一项艰巨的任务，尤其是在当前，全人类正处于划时代的新纪元。鉴于当前我们正在经历的史无前例的对利息、现金和国家货币的攻击，这项任务的意义更加凸显。当我们按自己的理解塑造这些挑战时，货币将不再是我们以前所认识的模样。虽然如此，未来的货币仍然会是我们能够信任的。

致　谢

　　本书结尾，我想向持续数年，或专门与我就货币及货币相关问题进行交流的科学家、政治家，以及中央银行行长和诸多银行家致谢。他们分别是经济史学家维尔纳·阿贝尔斯豪塞、德意志联邦银行前行长约瑟夫·阿克曼（Josef Ackermann）、约阿金·阿尔穆尼亚（Joaquin Almunia）、米歇尔·巴尼耶（Michel Barnier）、延斯·巴斯蒂安、安斯加·贝尔克（Ansgar Belke）、彼得·博芬格、马库斯·布伦纳迈耶、伯克哈德·巴尔茨、安格斯·迪顿、瓦尔迪斯·东布罗夫斯基斯（Valdis Dombrovskis）、马里奥·德拉吉、塞巴斯蒂安·杜林（Sebastopol Dullien）、汉斯·艾歇尔（Hans Eichel）、加布里尔·费尔伯迈尔（Gabriel Felbermayr）、马库斯·费尔博、马塞尔·弗拉茨彻、克莱蒙斯·福斯特（Clemens Fuest）、大卫·格雷伯、维罗妮卡·格里姆（Veronika Grimm）、托斯滕·亨斯、奥托马·伊辛、安舒·杰恩（Anshu Jain）、让-克劳德·容克（Jean-Claude Juncker）、哈根·克莱默、乌尔苏拉·冯德莱恩（Ursula von der Leyen）、维尔纳·米勒（Werner Müller）、马克斯·奥特、埃德蒙·菲尔普斯（Edmund Phelps）、路德维希·普兰（Ludwig Poullain）、克劳斯·雷格林、杰里米·里夫金（Jeremy Rifkin）、沃尔特·雷斯特、沃尔夫冈·朔伊布勒（Wolfgang Schäuble）、奥拉夫·肖尔茨、乔治·西姆贝克、莫妮卡·施尼策（Monika Schnitzer）、佩德罗·索尔贝斯（Pedro Solbes）、乔治·索罗斯（George Soros）、莫里茨·舒拉里克、佩尔·施泰因布吕克、乔·斯蒂格利茨（Joe Stiglitz）、杰拉西莫斯·托马斯（Gerassimos Thomas）、阿希姆·特鲁格、特奥·魏格尔（Theo Waigel）、诺贝尔·沃尔特-博扬斯（Nobert Walter-Borjans）、延斯·魏德曼（Jens Weidemann）、沃尔克·维兰德，以及约阿希姆·乌姆林。本书的出版得益于乌尔里希·诺尔特（Ulrich Nolte）和他在C.H.贝克出版社的同事，以及经纪人丽贝卡·格普费特（Rebekka Göpfert）。最后，感谢我的妻子汉娜（Hannah）还有孩子们朱里（Juri）、乔纳（Jonah）、贾沙（Jascha）和杰尼斯（Janis）在写书过程中给我的支持与鼓励，给你们以爱的拥抱。

货币史一览表

约公元前8000年

人类逐渐在种植业和畜牧养殖的活动中定居下来。因此相比之前主要以狩猎和采集为生的时期，他们之间发生了更多的物物交换。

公元前3000年

在今天的伊拉克地区，苏美尔人用舍克勒银币来计算租税和债务。

公元前1500年

印度洋周边地区的人和中国人开始使用坚硬的货贝作为支付

工具。

公元前700年

在今天土耳其区域的吕底亚人将黄金铸造成块状，并在上面印上统治者的形象。这批可能是历史上最早出现的金币迅速在东地中海地区传播开来，甚至远及波斯。这给吕底亚人带来了奇迹般的财富，他们的国王克洛伊索斯和米达斯富可敌国，就证明了这一点。

公元98年

古罗马历史学家塔西佗在他的著作《日耳曼尼亚志》中报告说，日耳曼人接受用金钱作为对杀人或伤害的赔偿——取代当时还通行的血债血偿。

约公元10世纪

在中世纪，钱币在欧洲部分地区再次被废弃。人们用公牛作为价值单位，有时也用女仆和松鼠皮。

公元1100—1300年

为了资助十字军东征，金融系统繁荣起来。由于出现了新的信贷票据，贸易也繁荣起来。在意大利北部地区，随之诞生了第一批银行。

公元 1260 年起

元朝的忽必烈推行纸币。这位统治者对那些拒绝使用纸币，并仍然像之前那样使用盐、珍珠、铁和黄金作为支付手段的人，直接判处死刑。

公元 1409 年

欧洲第一家证券交易所在比利时的布鲁日开张营业。

公元 1637 年

在荷兰的郁金香狂潮中，许多市民都押宝这种从中亚进口到荷兰的花。很快，一个郁金香球茎的价值相当于一栋房子。当泡沫破灭时，很多人血本无归。

公元 1661 年

当很多人还想从银行中提取老式银币时，瑞典发行了欧洲的第一张纸币。

17 世纪

在荷兰、瑞典和英国，经过一些先行准备之后，第一批中央银行开始运作。它们的作用在于保持货币价值稳定。

19世纪

新型的债券加速了国家和企业的融资。大英帝国崛起成为当时最强大的经济体。

1950 年

弗兰克·麦克纳马拉（Frank McNamara）在美国——当时已经崛起为世界最大的经济强国，推出了第一张信用卡大来卡。这位商人宣称，他有一次去一家餐馆时忘记带钱包了，当时他留下一张签名的名片作为担保，开发信用卡的想法就是这么来的。

1967 年

世界上第一台自动取款机出现在英国，银行柜台不再是取现的唯一渠道。

1971 年

美国终结了美元的金本位制。经济学家们早就在批评金本位制会阻碍经济的扩张并会产生通货紧缩，而通货紧缩是酿成20世纪30年代世界经济危机的罪魁祸首之一。

1986 年

英国首相撒切尔夫人要求英国议会放松对金融市场的管制。

当时，英国正在效法美国，清除给银行设定的条条框框，其中部分管制是20世纪30年代大萧条之后实施的。

1999 年

欧洲货币联盟启动欧元。

2008 年

美国房地产泡沫的破灭、复杂资产的投机、银行的自有资本偏低，以及廉价的中央银行资金，导致了金融危机的爆发——这是"二战"以来最大的经济崩溃。

金融危机之后，一个化名中本聪的不知名人士推出了第一个反国家货币的加密数字货币——比特币。据称，其运作可以不需要银行和政府。

2009—2015 年

欧元陷入困境。投机者多次押注葡萄牙、希腊等国家的破产。因此，欧洲中央银行将其主导利率降到零以下。

2019 年

脸书首次公布了加密货币天秤币的计划，天秤币被视为国家货币的竞争对手。

2020年

新冠肺炎疫情正在造成一场比2008年金融危机还要严重的经济危机。如大山般的国家债务将会继续拔高。